高齢社会につなぐ
図書館の役割

高齢者の知的欲求と余暇を受け入れる試み

編著

溝上智恵子
呑海　沙織
綿拔　豊昭

執 筆 者

*溝上智恵子　筑波大学図書館情報メディア系教授（第1章）
*呑海　沙織　筑波大学図書館情報メディア系准教授（第2章）
　和気　尚美　筑波大学大学院図書館情報研究科院生（第3章）
　中山　愛理　茨城女子短期大学専任講師（第4章）
　孫　　誌衒　山形県立米沢女子短期大学准教授（第5章）
　天雲成津子　秋田市立土崎図書館司書（第6章）
　伊藤　恵理　横浜市立中図書館司書（第7章）
　陶　　智子　金沢学院大学教授（第8章）
　藤井美華子　鳥取県立図書館司書（第9章）
　河合　章男　俳句図書館鳴弦文庫館長（第10章）
*綿抜　豊昭　筑波大学図書館情報メディア系教授（終章）

（＊編者，執筆順）

目　次

第1部　高齢者サービスを考える

第1章　超高齢社会日本の現状と図書館 …………………… 3
1　進む高齢化　3
2　日本の高齢者　7
3　高齢社会における生涯学習　13
4　公共図書館に求められる役割　19

第2章　公共図書館における高齢者サービス
　　　　　ーシニア・サービスにむけて ………………… 25
1　はじめに　25
2　公共図書館における高齢者サービスの位置づけ　25
3　海外の図書館における高齢者政策　31
4　公共図書館におけるシニア・サービスに向けて　35

第2部　国内外の公共図書館における高齢者サービス

第3章　複数の支援の網で支える高齢者の読書活動
　　　　　ースウェーデンの公共図書館 ………………… 49
1　はじめに　49
2　高福祉国家スウェーデン　49
3　スウェーデンにおける高齢化の現況　51
4　高齢者の利用が高い資料　52
5　「本が来る」サービス　55
6　シニア・サーフ　56
7　施設のバリアフリー　58

i

8　高齢移民を対象とした図書館サービス　*59*
9　医療施設・福祉施設の図書館　*62*
10　高齢者の読書活動を支援するスウェーデンの公共図書館　*65*

第4章　アウトリーチサービスから多様な高齢者サービスへ
　　　ーアメリカの公共図書館　………………………………*69*
1　アメリカ公共図書館における高齢者サービスを取り巻く状況　*69*
2　多様な展開をみせる高齢者サービス　*72*
3　アメリカ公共図書館における高齢者サービスの特徴　*79*

第5章　政策が主導する高齢者サービスの向上
　　　ー韓国の公共図書館　………………………………*83*
1　はじめに　*83*
2　図書館政策からみる高齢者サービス　*84*
3　公共図書館における高齢者のためのサービス　*91*
4　図書館で取り入れられている高齢者のための文化プログラム　*93*
5　おわりに　*96*

第6章　暮らしの中にある図書館とは
　　　ー秋田県の図書館の高齢者サービス　………………*101*
1　高齢化の進展　*101*
2　限界集落と高齢社会　*102*
3　読書活動と政策としての「秋田県読書活動推進基本計画」　*104*
4　県民意識調査からみる高齢者と読書　*105*
5　図書館現場における高齢者サービスの現状　*106*

6　ボランティアによるサービス　*107*
　　　7　来館高齢者へのサービス　*109*
　　　8　暮らしの中に図書館がある意味　*110*
　　　9　まとめ　*112*

第7章　地域図書館の高齢者サービスの模索
　　　　　－横浜市中図書館における高齢者向けお話会の事例 … *115*
　　　1　はじめに　*115*
　　　2　横浜市立図書館の高齢者サービスの現状　*116*
　　　3　実際の活動　*119*
　　　4　課　題　*124*
　　　5　展　望　*126*

第8章　「限界図書館」を防ぐ
　　　　　－富山県の図書館を事例に ……………………… *129*
　　　1　富山県の現状　*129*
　　　2　問題点　*132*
　　　3　将来に向けて　限界図書館を防ぐ　*134*
　　　4　将来に向けて　読書計画を支援する　*136*
　　　5　おわりに　*137*

第9章　多様な高齢者サービスの事例
　　　　　－鳥取県立図書館の試み ……………………… *139*
　　　1　鳥取県立図書館の概要　*139*
　　　2　障害者サービスにおける取り組み　*140*
　　　3　健康情報サービスにおける取り組み　*142*
　　　4　ビジネス支援における取り組み　*145*
　　　5　法情報サービスにおける取り組み　*147*

6　今後の課題と展開　*148*

第10章　高齢者への〈読み聞かせ・語り〉……………………*150*
　　1　高齢者への対応　*150*
　　2　現　状　*151*
　　3　高齢者のニーズ　*153*
　　4　活動モデル　*155*
　　5　高齢者への〈読み聞かせ・語り〉のために　*157*
　　6　おわりに　*161*

終　章　すべての高齢者のための図書館へ……………………*162*
　　1　図書館の高齢者サービス　*162*
　　2　今できること　*163*
　　3　今後の可能性　*164*
　　4　すべての高齢者のために　*166*

第1部

高齢者サービスを考える

第1章

超高齢社会日本の現状と図書館

1　進む高齢化

　日本の高齢化が加速している。2010（平成22）年10月現在のわが国の総人口は1億2,806万人で，そのうち，65歳以上の高齢者人口は過去最高の2,958万人を数え，総人口に占める割合（高齢化率）は23.1％となった[1]。今や，5人に1人が65歳以上，9人に1人が75歳以上の高齢者という社会に私たちは住んでいる。ちなみにこの高齢化率が7～14％の社会を「高齢化社会」，14～21％の社会を「高齢社会」，そして21％を超える社会を「超高齢社会」と呼ぶことがある。つまり，日本はすでに「超高齢社会」に突入しているのだ。

　しかもこの高齢化の速度は，他の国々がかつて経験したことのない速度で進行している。たとえば，わずか60年前の1950（昭和25）年，日本の高齢化率は5％に満たなかったが，1970（昭和45）年には7％，1994（平成6）年には14％を超えた。図1-1「世界の高齢化率の推移」が示すように，先進諸国のなかでは1980年代まで

第1部　高齢者サービスを考える

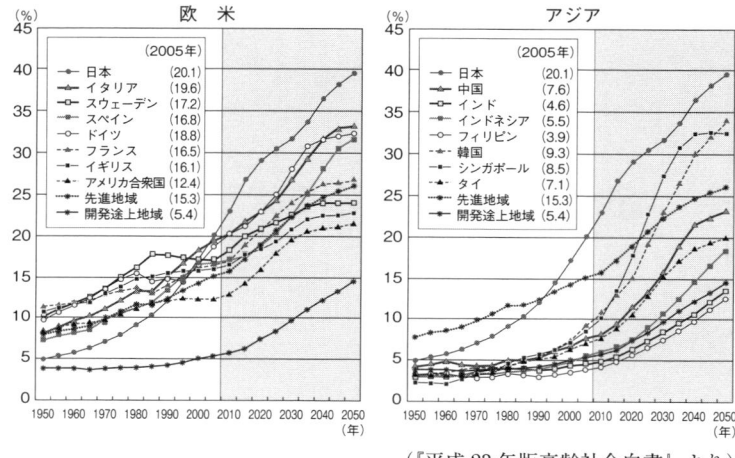

(『平成23年版高齢社会白書』より)

図1-1　世界の高齢化率の推移

　下位に位置していた日本は，1990年代に中位国に，そして2010年には世界でもトップクラスの高齢化率となった。

　さらに，高齢化の速度を，高齢化率7％からその倍である14％に到達する所要年数（倍化年数）を他国と比較してみると，フランスが115年，スウェーデンが85年，イギリスが47年，ドイツが40年の時を要した。これに対して日本はわずか24年であり[2]，いかに世界に類をみない速度で，高齢社会に突入したかがわかる。もっとも，今後はアジアや南米諸国でも高齢化が進行し，倍化年数は，韓国では18年，シンガポールとコロンビアでは19年，ブラジルでは21年しかかからないだろうと予測されている[3]。もはや高齢化問題は，欧米諸国に限った話ではないのである。

　もちろん，日本も高齢化の状況を座して見過ごしてきたわけでは

ない。決して早めの対策とはいえないまでも，1995（平成7）年（「高齢社会」に突入してしまった翌年！）に制定された高齢社会対策基本法は，わが国の高齢社会対策の基本理念を示し，国と地方公共団体の責務を定めている。具体的には，「就業・所得」「健康・福祉」「学習・社会参加」「生活環境」と「調査研究等の推進」の5分野を設定して，中期にわたる指針を定めるとともに，1996（平成8）年には高齢社会対策大綱（2001（平成13）年に見直し）も策定された。

このうち，「学習・社会参加」（高齢社会対策基本法第11条）をみると，

> 第11条　国は，国民が生きがいを持って豊かな生活を営むことができるようにするため，生涯学習の機会を確保するよう必要な施策を講ずるものとする
> 2　国は，活力ある地域社会の形成を図るため，高齢者の社会的活動への参加を促進し，及びボランティア活動の基盤を整備するよう必要な施策を講ずるものとする

とされており，高齢者の学習活動を，生涯学習の観点から国として推進することを謳っている。

ただし，前述の5分野の基本的施策を定めている高齢社会対策基本法第9条から第14条のうち，唯一，この第11条第1項のみ「高齢者」や「高齢期」という言葉が登場しない。もとより生涯学習とは，学校教育，家庭教育や社会教育までを包摂する概念であり，社会参加や職業に必要な知識やスキルを獲得することも生涯学習の範疇である。にもかかわらず第11条第1項では，「国民が生きがいをもって豊かな生活を営む」ための生涯学習と規定している。これは現在の生涯学習が，一般のイメージでは「生きがい」や「心の豊か

さ」のために行われるものであり，主たる生涯学習実践者として高齢者が想定されていることに影響されているのかもしれない。よって，高齢者という言葉を使わなくても，高齢者のための生涯学習の推進を意識した条項になっていると読むこともできる。

　とするならば，ここに2つの問題が生じてくる。まずひとつは，はたして，現在の日本の社会教育施設関係者が，どの程度，この高齢社会対策基本法を意識して，日々の活動を実践しているかということである。言い換えると，高齢者のための学習活動の推進を明確に謳わなかったことで，むしろ高齢者に対する視点がなくなってしまったのではないかという危惧である。

　2つめの問題は，高齢者という言葉を使わなくても「生きがい」や「豊かな生活」という言葉から連想される「個人生活」の充実に重点がおかれ，第11条第2項が謳う「地域社会の形成」との結びつきが希薄になってしまったのではないかという点である。つまり個人生活の充実と地域社会の形成が分断されたまま，高齢者の学習活動が推進されるのではないかという危惧である。個人生活の充実と地域社会の形成は，高齢者の学習活動にとっては両輪であり，別個のものではないはずだ。

　本書では，こうした視点から，高齢者を明確に意識した生涯学習の提供こそ，社会教育施設にもっとも求められている課題であることを確認し，その具体的取組み事例を紹介し，いっそうの充実をはかることをめざしている。なかでも，身近な社会教育施設である公共図書館を事例に，高齢社会における新たなサービスの展開と，その成果の活用を考えていきたい。

　もとより，活用の方向性を提示するためには多くの実践例が必要

だが，残念ながら現在の日本にその事例は少ない。しかし今後，世界的に押し寄せる高齢化の波に対して，高齢社会先進国である日本の実践が，貴重な情報となることは間違いない。日本の取組みが世界のモデルになるよう，本書が一石を投じることができれば幸いである。

2　日本の高齢者

あらためて言うまでもなく，高齢者と一口にいってもその実態は実に多様だ。そもそも人生80年という時代を迎えた現在（2010（平成22）年の平均寿命は男性79.64歳，女性86.39歳）[4]，65歳以上を高齢者とすると，「高齢者初心者」と「ベテラン高齢者」の間には15年の違いがあるし，ましてや健康や好み等をふまえると，一律に「高齢者」とまとめてしまうと何も見えなくなってしまう危険性がある。とはいえ，多様性を過度に強調しすぎると，具体的な施策が後手になりかねない。さらに，かつての高齢者イメージに基づいた施策を考えることはもっと危険であることは言うまでもない。

そこで，ここでは高齢者を，仮に①個人の生きがいを重視し，趣味・教養やスポーツを楽しみ，個人生活の充実をめざす「自己完結型」と，②現役で活躍し，社会活動や地域形成に参加する「社会参画型」の2種類に分けて，「現在」の日本の高齢者像をさぐってみたい。

1　自己完結型の現状

さて，2010（平成22）年度に行った内閣府の調査結果（「高齢者の住宅と生活環境に関する意識調査」）によると，現在の日本の高齢者

第1部　高齢者サービスを考える

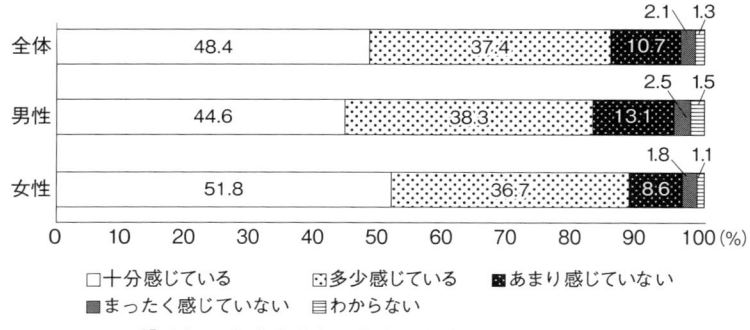

（『平成22年度高齢者の住宅と生活環境に関する意識調査』より）
図1-2　生きがいを感じている者の比率

の8割以上が「生きがい（喜びや楽しみ）」を感じているという（図1-2のうち「十分感じている」と「多少感じている」をあわせた値）[5]。なかでも女性のほうが男性よりも生きがいを感じている。

同調査で，1年間に個人や友人と参加した活動のうち上位4つは，「健康・スポーツ」(32.7%)，「地域行事」(26.7%)，「趣味」(26.5%)「生活環境改善」(10.6%) である。ただし「活動・参加したものはない」人も3割を超えている (31.9%)[6]。その活動・参加しない理由には，「健康・体力に自信がないから」(31.4%) や「家庭の事情があるから」(22.4%) に加えて「特に理由はない」(24.5%) があげられている[7]。

同じ2011（平成22）年に内閣府が実施した国際比較調査（日本，アメリカ，韓国，ドイツ，スウェーデンの5ヵ国。「高齢者の生活と意識に関する国際比較調査」）では，学習活動への参加状況を尋ねている。5年に1度実施している調査なので時系列でみると，日本は学習活動に「参加していない」割合が毎回減少してきているとはい

え，現在でも8割近い者が参加していない。多少の違いはあるものの，他の4ヵ国も似たような状況にある。しかし，学習活動に参加しない理由のうち，「関心がない」は25.9%にすぎず，アメリカ（60.8%），韓国（52.2%）やドイツ（47.5%）とは大きく異なっている。ちなみにスウェーデンは「参加していない」比率が唯一6割台（64.4%）と低く，「関心がない」者の割合も低い（26.8%）[8]。

つまり，現在の日本の高齢者は，健康・スポーツ活動や地域行事，趣味などに参加して，生きがいを感じる者が多く，学習活動に限定してみると，参加率は低いが，関心はそこそこにあるというのが現状であろう。

次に健康面についてみてみよう。病気やけが等の自覚症状がある者は，60代で38.2%，70代48.4%，80歳以上が52.5%である[9]。ちなみにもっとも自覚症状のない世代の10代が20.3%なので，60代はまだまだ現役世代であることがわかる。いずれにせよ70代までは半数以上の者が自覚症状のない，健康な生活を送っている。

さらに社会とのかかわりをみると，近所の人たちとの交流は，「高齢者の住宅と生活環境に関する意識調査」では，「親しくつきあっている」割合が半数を超え（51.0%），「つきあいはほとんどない」は5.1%にとどまっている[10]。なお前述の国際比較調査（図1-3を参照）では，近所との付き合いを「ほとんど毎日」するという割合は，韓国（40.9%），ドイツ（40.5%），スウェーデン（33.1%），アメリカ（29.4%），日本（22.7%）の順で，調査5ヵ国中日本が最も低い。逆に「ほとんどない」は31.6%と最も高くなっている[11]。

これらの調査結果から，健康だが近所とのふれあいは少ないという高齢者像がうかびあがってくる。高齢者は，近所との親しいつき

第1部　高齢者サービスを考える

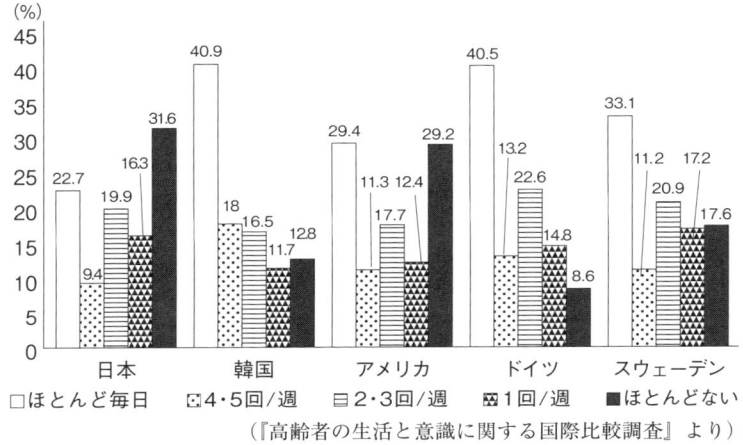

(『高齢者の生活と意識に関する国際比較調査』より)
図1-3　近所の人たちとの交流

あいはあるので、その人たちとの接触機会をより増やすことができれば、昨今関心をあつめている高齢者の孤立をいくらかでも低減することも可能となるだろう。そのためには、従来の取組みに加えて、「学習活動」に関心を示す割合が一定層いるので、より多くの高齢者参加が見込まれる「健康・スポーツ」や「趣味」関連のプログラムを社会教育施設が積極的に提供してはどうだろうか。すでに公民館ではこうした高齢者対象のプログラムが企画・実施されており、公共図書館などこれまで積極的に対応してこなかった社会教育機関における検討が望まれる。

2　社会参画型の現状

前述の健康面からみると、60代がまだまだ現役世代であることや70代までは半数以上の者が自覚症状のない、健康な生活を送っ

ていることがわかった。実際，東京都老人総合研究所の鈴木隆雄らの研究によれば，1992（平成4）年と2002（平成14）年の高齢者を比較すると，男女ともに通常歩行速度が11歳も若返り，他の機能についても若返っているという[12]。

また，介護保険サービスを利用する要介護者数や要支援者数は年々増大しているものの，2008（平成20）年度末現在，こうした支援や介護を利用していない者は，65～74歳の世代では約9割を超え，75歳以上でも約7割となっている[13]。

60歳以上を対象にした内閣府の国際比較調査では，日本の高齢者は「健康である」とする割合は約7割，日常生活における介助の必要度である「まったく不自由なく過ごせる」割合も約9割と高い[14]。

このように，比較的健康自立度の高い日本の高齢者のなかで，なんらかのボランティア活動やその他の社会活動に参加している，もしくは参加したことがある者は約5割を占めている。具体的な活動としては「近隣の公園や通りなどの清掃等の美化活動」(14.2%)，「地域行事，まちづくり活動」(13.3%)などである[15]。また，ボランティア活動やその他の社会活動に「参加したことがない」理由として「関心がない」は16%程度にすぎず，5ヵ国のなかで最も少ない（図1-4参照）[16]。

つまり，日本の高齢者はみなが個人の生きがいや楽しみだけを追求しているわけではなく，地域社会の担い手として活躍しているし，その関心もあるといえよう。このように地域社会の担い手としての高齢者の存在を顕在化し，この層を維持し増やしていくためには，必要な知識やスキルを高齢者に提供するとともに，獲得した知

第1部　高齢者サービスを考える

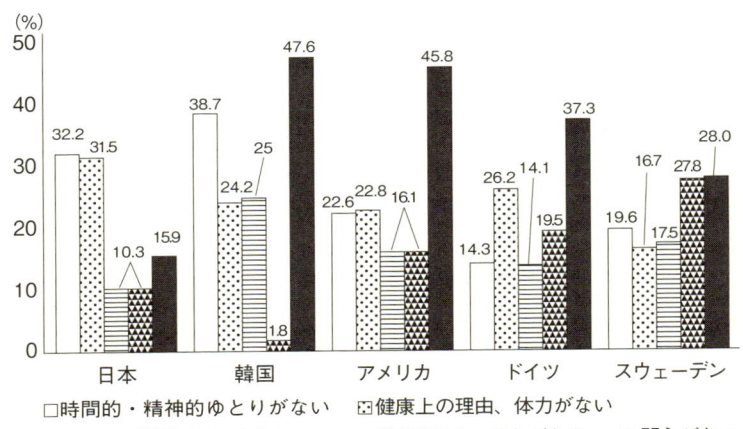

図1-4　ボランティア活動や社会活動に参加しない理由（複数回答）

（『高齢者の生活と意識に関する国際比較調査』より）

識やスキルをいかすための場の提供が不可欠になる。この点においても，社会教育施設の果たす役割は大きい。

　なお，高齢社会のかかえる課題が，決して地方の課題ではないことにも注意すべきであろう。確かに数年前まで，日本の高齢化問題は過疎地域で進行していた。過疎化と高齢化があわさり「限界集落」問題が，世間の注目を浴びたことも記憶に新しい。しかし，2005（平成17）年頃から東京，名古屋，大阪などの都市部の高齢化速度が急速に高まりはじめる一方，地方の高齢化率の伸びが緩やかになっているという[17]。今後の高齢社会を考える時には，都市部の問題という視点も忘れてはいけない。

　ではこのような特徴をもつ高齢者からなる日本の超高齢社会では，どのような生涯学習プログラムが展開されているのだろうか。

3 高齢社会における生涯学習

　そもそも生涯学習とは，学校教育，家庭教育と社会教育を包摂した上位概念であり，学校外教育をさすものではない。さらに「生涯学習」の対象者も，理念的にいえば，乳幼児から高齢者まで含まれる。

　また2006（平成18）年に改正された教育基本法の第3条は，生涯学習の理念を，

　　国民の一人一人が，自己の人格を磨き，豊かな人生を送ることができるよう，その生涯にわたって，あらゆる機会に，あらゆる場所において学習することができ，その成果を適切に生かすことのできる社会の実現が図られなければならない

と掲げて，学習活動が若者に限定されないことを謳っている。

　しかし，内閣府が2008（平成20）年に実施した「生涯学習に関する世論調査」でも，調査対象者は20歳以上の者となっていることや[18]，ここでは高齢社会における学習活動を考えていくので，「生涯学習」のなかでも，便宜的に「成人教育」とよばれる分野に焦点をあてて以下みてみよう。

1　成人教育の推進と日本の特徴

　世界的にみると，成人教育は，第1次世界大戦後イギリスで本格的に語られ始めた頃は，教養教育的側面が強かった。しかしその後は，①識字教育などの基礎教育を成人対象に行う「成人基礎教育」と，②職業関連の知識やスキルの獲得やブラッシュアップをめざす

「成人継続教育」に大別され，発展してきた。

　一方，日本の成人を対象にした学習活動は，第2次世界大戦後，①の成人基礎教育の推進にはほとんど主眼がおかれず，さらに②の成人継続教育は，企業内教育などに代表されるように主に職場で実施されてきた。そこで1965（昭和40）年12月にユネスコ成人教育推進委員会で，ポール・ラングランが「生涯教育」という概念を提唱し，世界各国にこの概念が普及していった折にも，また1970（昭和45）年にOECDが教育政策会議で「リカレント教育」を初めて取り上げ，教育と他の諸活動を交互に行う社会の実現を提案した折にも，日本には概念としては比較的早く紹介されたが，日本の成人教育は，自分の人生を豊かにすることを目指して，健康や趣味のための学習活動，つまり自己完結型を中心に展開されてきた。

　具体的な統計をみてみよう。内閣府の「生涯学習に関する世論調査：平成20年度」によると，1年間で実施した生涯学習の種類は，第1位が「健康・スポーツ」（22.5％），第2位「趣味的なもの」（19.8％）となっている。さらに生涯学習の成果の活用も第1位が「自分の人生がより豊かになっている」（43.8％），第2位が「自分の健康の維持・増進に役立っている」（41.6％）となっている[19]。

　また滋賀県が2009（平成21）年に実施した「生涯学習県民意識調査」でも「生涯学習のイメージ」は，「生涯を通じて学ぶ」が約半数（50.8％）近くある一方で，「生活を楽しみ，心を豊かにする」（59.3％）や「趣味・教養を高める」（55.2％）がそれを上回っている[20]。

　なお，こうした自己完結型の成人教育が，決して成人教育の後発状態であることを意味するものではないことにも注意すべきであろう。というのは，国際的な高齢化の進展を背景に，成人の学習活動

第1章　超高齢社会日本の現状と図書館

が必ずしも識字教育や職業教育に限定されないことや，高齢者そのものを主たる対象とする学習活動に関心がよせられるようになった。そこで，1982年には「第1回高齢者問題世界会議」がウィーンで開催され，高齢者問題の政策として高齢者の学習活動が世界的に議論される契機となった。つまり，日本的特徴である，生きがいや心の豊かさを求める教育，自己完結型にも関心が寄せられるようになったのである。

　一方で，欧米では，基礎教育や職業教育のみに貢献する成人教育ではなく，学習の成果をより積極的に活用するという観点から，コミュニティ開発（community development）のための成人教育といった考え方も注目されるようになってきた。コミュニティ開発とは，わかりやすい日本語におきかえると，「地域社会の形成・改善」あるいは「地域社会の運営」といえるだろう。高齢者に向けるまなざしも，1991年の「高齢者のための国連原則」採択，1999年の「国際高齢者年」決定に続き，2002年にはマドリードで「第2回高齢化に関する世界会議」が開催された。このマドリードでは，「第2回高齢化に関する世界会議：政治宣言」と「高齢化に関するマドリード国際行動計画2002」が採択された。前者の「政治宣言」の第6項において，

　　現代の世界は，かつてないほどの富と技術力を有している。したがって，男性も女性も高齢になっても健康を維持し幸福を十分に実感することを可能にさせる，高齢者が社会に完全に統合し参加させる，高齢者が地域社会および社会発展にさらに効果的に貢献することを可能にする。（後略）[21]

と明記され，高齢者を生産的にとらえ，地域社会運営の担い手とし

て位置づけている。生涯学習の観点からみると、高齢者の学習活動の成果を活用するという考えへの転換がはかられているといえよう。まさに国際社会でも社会参画型を推進する方向で、各国政府が行動計画の実施をすすめているのである。

2 中央教育審議会生涯学習分科会の議論

では、日本の生涯学習政策の担い手である文部科学省は、超高齢社会における生涯学習をどのように推進しようとしているのだろうか。

高齢者対象の学習活動に関する取組み事例としては、1963（昭和38）年に制定された老人福祉法にもとづき、厚生省が老人クラブ助成事業を開始した。その後、1973（昭和48）年に、文部省は市町村が主催する高齢者教室に補助を開始し、1989（平成元）年には地域の大学や民間教育事業者と連携をはかりながら、都道府県を対象に長寿学園事業への助成を開始した。しかし、生涯学習の専門家である瀬沼克彰によると、1992（平成4）年に公立社会教育施設整備補助金が廃止され、その後学習講座事業への助成金もなくなると、多くの自治体は事業を縮小・改廃していったという[22]。

確かに日本で体系的に高齢者対策が実施されたのは、高齢社会対策基本法制定の1995年以降だが、1996（平成8）年には高齢社会対策大綱が定められていたにもかかわらず、文部科学省が高齢者の学習問題を本格的かつ正面から議論したのはきわめて遅かった。2008（平成20）年2月に答申された『新しい時代を切り拓く生涯学習の振興方策について～知の循環型社会の構築をめざして』[23]においても、情報通信へのバリア等で、高齢者への言及はあるが、高齢者の

生涯学習問題を正面から議論してはいない。また社会教育施設としての図書館に言及している部分でも，子どもへの取り組みや学校との連携は事例としてあげられているが，高齢者サービスについては特段言及してはいない。中央教育審議会は，現在の日本社会が超高齢社会へ突入しているという意識を明確にもっていたにもかかわらず，である。

こうした傾向は，2011（平成23）年に刊行された内閣府の『高齢社会白書』にも反映されており，「分野別の高齢社会対策」のうち「学習・社会参加」はきわめて具体性の欠ける内容となっている。

ようやく近年の中央教育審議会が，高齢社会における生涯学習の現状と課題について，①学習機会が限定されていることに伴う学習者の固定化，②多様な学習ニーズがあるにもかかわらず，提供している学習内容が対応していないこと，そして③社会参画への接続が不十分であることの3点をあげ，その解決策を探るために，2011（平成23）年9月，第5期中央教育審議会生涯学習分科会に「超高齢社会における生涯学習の在り方に関する検討会」を設置した。この検討会は，高齢者教育の現状と課題を整理するとともに，超高齢社会においてプレ高齢者を中心とする成人が取り組むべき学びの在り方を検討し，その結果を翌2012（平成24）年3月に『長寿社会における生涯学習の在り方について～人生100年いくつになっても学ぶ幸せ「幸齢社会」』として公表した[24]。まさにこの報告書において，本格的に検討が行われたといっても過言ではない。

同報告書は，社会参画型の高齢者を顕在化させ，「すべての人々が，人生100年時代を見据え，自ら有する知識や経験を社会に還元しつつ，よりよい社会をつくる主役として，選択的に自身の生きが

いを選び取れる」[25]社会の実現を求めている。また，この新しい高齢者観や価値観を広げることが，生涯学習の大きな役割のひとつとしている。

　巻末には「学習成果を地域の活性化につなげている事例」を掲載し，そこには鹿児島県鹿屋市串良町柳谷（通称「やねだん」）にある，人口300人，65歳以上が4割という集落で，行政に頼らない地域再生の実践例も掲載されている。「やねだん」の取組みは，2005（平成17）年度以降の数々の地域再生に関する受賞に現れているように，先端的な事例として紹介されているモデルケースである。具体的には，有志が無償提供する農地を利用してでんぷん用カライモを栽培し，住民総出で栽培・販売に取り組み，収益を上げた。その資金をもとに，有機栽培を行い，芋焼酎などの商品をうみだしている[26]。今後，この「やねだん」のように，社会参画型の高齢者による地域再生が活発化していくと，日本モデルとして世界に発信することも可能となるだろう。

　ただし，この「やねだん」の事例に現れているように，『長寿社会における生涯学習の在り方について』では，これまで顕在化されていなかった社会参画型の高齢者に焦点をおいているため，従来の日本の生涯学習の特徴ともいえる，趣味・教養をより充実させていく視点が相対的に弱い。趣味・教養のための生涯学習プログラムはすでに充実しているから，特段の強調は不要ということなのだろうか。

　しかし，社会教育施設の代表的存在である図書館や博物館では，まだまだ高齢者を対象にしたプログラムが少ない。自己完結型という従来の日本的特徴をいかす取組みをもっと充実していく視点と，

社会参画型を推進する取組みの充実という視点の2つを求めてもよかったのではないだろうか。

4 公共図書館に求められる役割

では，すでに突入している超高齢社会において，地域の生涯学習機関である公共図書館はどのような役割を担っていくべきなのだろうか。

なによりもまず，一口に高齢者といっても，その実態はきわめて多様だということを認識して，自分たちの地域に居住する高齢者の量的状況はもとより，その高齢者がどのようなサービスを期待しているのかといった実態を把握することから始めるべきである。そして，その実態をふまえて，求められる図書館サービスの内容を再検討しなくてはならない。

たとえば今，日本の公共図書館では，大半の館が子ども向けの読み聞かせを行っている。この活動自体を否定するものではないが，場合によっては，すでに子どもよりも圧倒的に高齢者のほうが多く居住する地域であっても，不思議なことに，子ども向けの読み聞かせを実施しても，高齢者を対象にした企画はほとんど実施されていない。

地域の住民構成，高齢者の実態，高齢者の望むサービスを把握すれば，いずこの公共図書館でも，「高齢者サービスは大活字本の提供と階段代わりのスロープ設置」以外のことはなにもしていないという状況は変わってくるはずだ。

以下では，高齢社会先進国である日本の公共図書館として，従来看過されてきた高齢者を対象としたあらたなサービスの展開を提案

したい。それは①自己完結型高齢者向けの「高齢者にとっての『場』としての公共図書館」と，②社会参画型高齢者向けの「コミュニティ・ディベロッパーとしての公共図書館」である。

1 高齢者にとっての「場」としての公共図書館

現状の「大活字本とスロープ」のみの高齢者サービスから発想を転換するためには，「場」としての公共図書館という視点が重要だ。この役割は，自己完結型の高齢者サービスの充実につながる。

近年，資料のデジタル化がすすみ，いわゆる「バーチャル図書館」論が浸透しているが，その反動として，図書館はそもそも情報だけを提供するのではなく，物理的空間も提供しているという「場」としての図書館論も盛んである。子ども向けの読み聞かせ活動は，その一例かもしれない。とするならば，高齢者にとっての「場」としての図書館は，どのようなサービスを提供できるのだろうか。

たとえば，高齢者向けの読み聞かせがある。まだ活動事例は少なく，子ども向けの読み聞かせのスキルとは異なるので，高齢者向けの読み聞かせに必要なスキルを教える専門家の育成も必要だろう。さらには孤立化しやすい高齢者がこうした図書館のプログラムに定期的に参加すれば，近所の人とのつきあいの頻度を高めることにもなり，保育所ならぬ「老育所」として機能することも可能かもしれない。

あるいは，図書館の資料を使った高齢者向けの講座の開催も考えられる。自分たちの地域の歴史や産業の歴史，はたまた自分史を書くための講座開催には，図書館の資料が不可欠である。そうした活

動のきっかけこそ，図書館が開催する講座で提供し，その後はグループ活動や個人活動へと移行したらどうだろうか。

　なお，これまで日本の市町村立図書館の設置率が停滞している理由のひとつに，公民館内に設けられた図書室の存在があげられてきた。しかし，この状況を逆手にとれば，公民館と連携して，図書館が高齢者対象の講座を積極的に開催することも可能になる。単独では難しい開催も公民館と連携すればできるし，公民館のパソコン講座と連携すれば，情報格差を解消し，情報へのアクセスも可能になり，公共図書館がめざす「地域の情報センター」機能を高齢者に提供できるだろう。

　公共図書館が自宅近くにない地域であっても，公民館があれば，図書館はそこに資料を届ける，アウトリーチ・サービスを行えばよい。高齢者が集う「場」として社会施設の有効利用となる。

　またこのようなサービスの延長線上に，今後は高齢者のためのアウトリーチ・サービスとして，図書館は資料の宅配サービスにも積極的に取り組むことが求められるだろう。宅配サービスの実施は，単にサービスの充実という面のみならず，高齢者の孤独死対策にもなる。ただし，これらの活動は，元気で活動的な高齢者にとっては，不十分な図書館サービスである。まだ十分現役世代として活躍する高齢者には，積極的な地域づくりに貢献することが求められている。そうした高齢者と図書館との関わりには，次の視点を提案したい。

❷ コミュニティ・ディベロッパーとしての公共図書館

　アメリカの成人教育学者ハミルトンは，今から20年も前に，地

域の諸問題の解決をはじめとする地域づくりこそが，これからの成人教育では大きな役割となると指摘している。その著書『成人教育は社会を変える』の冒頭部分で，中年の女性2人が街の工場から排出される排煙の正体を調べるために，大学図書館を訪れ，教科書を熟読する場面を紹介している[27]。日本とアメリカでは，図書館の社会的位置づけが異なるため，ハミルトンが紹介する場面を日本でただちに再現することは難しいかもしれない。しかし，超高齢社会日本では，元気な高齢者には自分たちの地域を運営し，維持することが期待されているので，ハミルトンが主張した内容は，高齢者のための生涯学習の新たな展開を示唆している。

つまり，大学図書館にかわって，身近な地域の公共図書館が，地域の問題を解決できる場を提供するということである。地域の問題解決は，児童・生徒にとっての「調べ学習」の高齢者バージョンなのである。そのために，まったく新たな資料の収集や蔵書の構築を求めるものではない。より重要なことは，図書館内に，自由に討論したり，講演会を開催したり，作業する場を提供することだろう。結果として，社会参画型の高齢者向けのプログラム充実に資することになる。

なお，住民が公共図書館でこのような活動を行えることに気づいていない場合には，啓蒙活動を行うことから始める必要もあるだろう。

いずれにせよ，公共図書館は，来館者を待つだけの受け身の図書館サービスから，非来館者をもターゲットにした新たな図書館サービスへと展開する時を迎えている。この時，現在の日本が超高齢社会であることを直視し，公共図書館も，よりよい地域とするため

第1章　超高齢社会日本の現状と図書館

に，だれが地域の住人であり，地域づくりの担い手はだれなのか，そのためにはどのようなサービスを，どこで提供すればよいのかといった点を考えていく必要がある。このことは，公共図書館経営の基本に立ち返ることにすぎない。まったく新たな理念の導入ではないのである。

　こうした新たなチャレンジに挑んでいくにあたっては，なにより も，高齢社会の到来は私たちにとって「問題」ではなく，むしろ人類が誇るべき「成果」であることを再認識すべきである。そして，生活時間の多くを自由時間として使える高齢者こそ，個人の生きがいを求める活動を充実することができるし，一方で地域づくりの担い手ともなりうるのである。この点を忘れてはいけない。

　以下本書では，特に遅れがちである図書館の高齢者サービスの具体的取組み事例を紹介し，今後の参考にしたい。

注）
1) 内閣府『平成23年版高齢社会白書』印刷通販, 2011, p.2
2) 同上書, p.10
3) US Census Bureau, *An Aging World:* 2008, 2009, p.14（http://www.census.gov/prod/2009pubs/p95-09-1.pdf）
4) 厚生労働省「平成22年簡易生命表の概況」2011.7.23.（http://www.mhlw.go.jp/toukei/saikin/hw/life/life10/）
5) 内閣府「平成22年度高齢者の住宅と生活環境に関する意識調査結果」2011.3, p.8（http://www8.cao.go.jp/kourei/ishiki/h22/sougou/zentai/index.html）
6) 同上, p.23
7) 同上, p.25
8) 内閣府「平成22年度第7回高齢者の生活と意識に関する国際比較調査結果」2011.6, pp.65-66（http://www8.cao.go.jp/kourei/ishiki/h22/kiso/zentai/index.html）

第 1 部　高齢者サービスを考える

 9) 厚生労働省「平成 22 年度国民生活基礎調査の概況」2011. 7.（http://www.mhlw.go.jp/toukei/saikin/hw/k-tyosa/k-tyosa10/）
10) 前掲注 5), p.10
11) 前掲注 8), p.60
12) 鈴木孝雄・権珍嬉「日本人高齢者における身体機能の縦断的・横断的変化に関する研究：高齢者は若返っているか？」『厚生の指標』Vol.53, No.4, 2006, pp.1-10
13) 前掲注 1), p.30
14) 前掲注 8), pp.152-153
15) 同上, p.63
16) 同上, p.64
17) 高橋泰「高齢社会にまつわる 3 つの勘違い」『WEDGE』2012. 4，pp.58-60
18) 内閣府『生涯学習に関する世論調査：平成 20 年度』(http://www8.cao.go.jp/survey/h20/h20-gakushu/index.html)
19) 同上
20) 滋賀県教育委員会『生涯学習県民意識調査報告書：平成 21 年度』(http://www.nionet.jp/lldivision/suishinhonbu/h21chosa/file/h21chosa.pdf)
21) 「第 2 回高齢化に関する世界会議：政治宣言」(http://www8.cao.go.jp/kourei/program/madrid2002/pd2002.html)
22) 瀬沼克彰『高齢余暇が地域を創る』学文社, 2006, pp.55-56
23) 中央教育審議会『新しい時代を切り拓く生涯学習の振興方策について～知の循環型社会の構築をめざして』2008 (http://www.mext.go.jp/b_menu/shingi/chukyo/chukyo0/toushin/080219-01.pdf)
24) 文部科学省『長寿社会における生涯学習の在り方について～人生 100 年いくつになっても学ぶ幸せ「幸齢社会」』2012 (http://www.mext.go.jp/a_menu/ikusei/koureisha/1311363.htm)
25) 同上, p.1
26) 内閣府経済社会総合研究所『地域活性化システム論カリキュラム研究会報告書』2012, pp.111-112 (http://www.esri.go.jp/jp/archive/ hou/hou070/hou61_08_1.pdf)
27) E. ハミルトン（田中雅文ほか訳）『成人教育は社会を変える』玉川大学出版部, 2003, p.7

第2章
公共図書館における高齢者サービス
シニア・サービスにむけて

1 はじめに

　日本は，高齢化先進国である。平成23年版の『高齢社会白書』によると，総人口に占める65歳以上人口の割合は23.1％である。また，2009年現在の平均寿命は，男性が79.59年，女性が86.44年であり，今後も引き続き延びるとされている[1]。しかも，高齢化は今後も急速に進むことが予測されており，2005年から2055年にかけて，高齢者人口の割合は，20.1％から40.5％との急増が見込まれている。

　このような高齢社会において日本の図書館は，サービス対象として高齢者[2]をどのようにとらえてきたのだろうか。本章では，公共図書館における高齢者サービスについてのこれまでとこれからについて考えてみたい。

2 公共図書館における高齢者サービスの位置づけ

　日本の公共図書館の図書館サービスにおいて，高齢者に対するサ

ービスはどのように位置づけられてきたのだろうか。本節では，高齢者サービスが，障害者[3)]サービスの一環としての位置づけから，独立したサービス対象としての位置づけを与えられるまでの流れを概観する。

1　障害者サービスのなかの高齢者サービス

公共図書館において高齢者サービスは従来,「障害者サービスのひとつ」としてとらえられてきた。

1994年に日本図書館協会から出版された『すべての人に図書館サービスを：障害者サービス入門』[4)]では，障害者サービスを「図書館利用に障害のある人へのサービス」とし，図書館利用に関する障害者として，視覚障害者，聴覚障害者，肢体障害者，内部障害者[5)]，その他の心身障害者，民族的・言語的・文化的少数者，外国人，非識字者，入院患者，強制施設被収容者と並列して，高齢者をあげている。また，それ以降の公共図書館における障害者サービスの枠組みを作ったとされる[6)]『障害者サービス』[7)]にいたっては，図書館利用の障害を，(1)視覚障害，(2)聴覚障害，(3)肢体障害，(4)内部障害，(5)重複障害，(6)その他の障害者の6つに分類しており，高齢者は「その他の障害者」のなかで，精神的・知的な障害，LD（学習障害），ディスレクシア（識字障害），病院入院患者，施設入所者，矯正施設被収容者，非識字者，外国人と並んでわずかに紙面が割かれているにすぎない。

日本における障害者サービスは，1916年に東京市本郷図書館に点字文庫が設置されたことに遡ることができる。視覚障害者を中心に発展した障害者サービスは，後にその対象を身体障害者に広げ，

さらに1970年代から1980年代にかけて「図書館利用が困難な人々」にまでその対象を広げることとなった。高齢者は、この「図書館利用が困難な人々」に包含されており、高齢者は、障害者サービスのなかでも後発的なサービス対象であったことがわかる。

また、これ以前において高齢者サービスは、「無視されるかあるいは隔離」[8]されてきたことを忘れてはならない。日本では1970年の国勢調査で、総人口のなかに占める高齢者の割合が7.06％に達したのを機に、高齢化社会へのスタートを切ったとされているが[9]、高齢化社会の到来を迎えてはじめて高齢者への目配りがなされるようになったのである。

日本においては、戦後の高度成長を背景とする社会構造の変化のなかで、高齢者像も大きく変化したことが指摘されている。安川悦子は「『病弱』で『障害ある者』としての高齢者像は、資本主義経済システムの中でさらに『無能』で『効率の悪い』『国家の厄介者』としての高齢者像に仕立て上げられた」[10]と述べている。日本における現代の公共図書館は戦後、アメリカの影響を受けて発展したものであり、このような「社会的弱者」としての高齢者像が前提となっていたものと考えられる。

2　ひとつの利用者カテゴリーとしての高齢者

一方で、1986年の『みんなの図書館』で特集が組まれて以降、障害者サービスの一環として高齢者サービスを位置づけるかどうかについての議論がなされるようになった[11]。公共図書館における高齢者サービスの必要性を継続的に説いてきた高島涼子は、1990年代より、高齢者を障害者のグループに入れてひとまとめにするこ

とに対して疑問を呈している[12]。国際高齢者年であった1999年には『図書館雑誌』7月号で特集「いま求められている『高齢者サービス』とは」が組まれた。墨田区や浦安市，豊中市などにおける高齢者サービスが紹介されている。

　高齢者が独立した利用者カテゴリーとして認識されるようになった契機としては，2001年の「公立図書館の設置及び運営上の望ましい基準」[13]をあげることができるだろう。この基準において市町村立図書館は，住民に資料・情報の提供等の直接的な学習支援を行う機関として位置付けられた。そして，5つの利用者カテゴリーそれぞれに応じた図書館サービスについて下記のように記されており，高齢者サービスは，障害者サービスから独立して位置づけられている。

① 　成人に対するサービスの充実に資するため，科学技術の進展や産業構造・労働市場の変化等に的確に対応し，就職・転職，職業能力開発，日常の仕事等のための資料及び情報の収集・提供に努めるものとする。

② 　児童・青少年に対するサービスの充実に資するため，必要なスペースを確保するとともに，児童・青少年用図書の収集・提供，児童・青少年の読書活動を推進するための読み聞かせ等の実施，情報通信機器の整備等による新たな図書館サービスの提供，学校等の教育施設との連携の強化等に努めるものとする。

③ 　高齢者に対するサービスの充実に資するため，高齢者にも配慮した構造の施設の整備とともに，大活字本，拡大読書器などの資料や機器・機材の整備・充実に努めるものとす

る。また，関係機関・団体と連携を図りながら，図書館利用の際の介助，対面朗読，宅配サービス等きめ細かな図書館サービスの提供に努めるものとする。

④ 障害者に対するサービスの充実に資するため，障害のある利用者に配慮した構造の施設の整備とともに，点字資料，録音資料，手話や字幕入りの映像資料の整備・充実，資料利用を可能にする機器・機材の整備・充実に努めるものとする。また，関係機関・団体と連携を図りながら手話等による良好なコミュニケーションの確保に努めたり，図書館利用の際の介助，対面朗読，宅配サービス等きめ細かな図書館サービスの提供に努めるものとする。

⑤ 地域に在留する外国人等に対するサービスの充実に資するため，外国語資料の収集・提供，利用案内やレファレンス・サービス等に努めるものとする。

また，団塊世代の大量退職にともなう問題，いわゆる2007年問題の少し前から，高齢者サービスが着目されるようになった。2005/2006年には『学校の図書館』が「シニアと図書館」，2006年9月に『現代の図書館』が「特集：高齢者と図書館」，2007年4月に『図書館雑誌』が「特集：団塊の世代と図書館」を特集している。また，2007年2月には日本図書館研究会がシンポジウム「2007年問題と図書館の今後」を開催しており，その記録が同年7月号の『図書館界』に掲載されている。

とはいえ，この動きはまだ緒についたばかりであり，今後展開していくためには，何らかの政策，あるいは指針が必要である。

第1部　高齢者サービスを考える

3　変化の要因

　日本の公共図書館における高齢者サービスの歴史は浅く，初期の高齢者サービスは障害者サービスに包含されるものととらえられていた。しかし，今日では独立したひとつの利用者カテゴリーとしてとらえられるようになってきている。このような変化はなぜ起こったのだろうか。

　『高齢社会白書』によると，2007年の高齢者の日常生活に影響のある者率（人口1,000人当たりの「現在，健康上の問題で，日常生活動作，外出，仕事，家事，学業，運動等に影響のある者〈入院者を除く〉」の数）はわずか226.3である。約77%の高齢者が「健康上の問題で，日常生活動作，外出，仕事，家事，学業，運動等に影響」がなく，これらの人々は図書館利用が困難ではないと考えられる。つまり，「高齢者であることがすなわち図書館利用が困難である」という図式はなりたたない。

　また，高齢者サービスを障害者サービスのなかに位置づけることは，エイジズムにつながる危険性がある。エイジズムとは，高齢者に対しての偏見や既成概念をいう。「図書館利用が困難ではない」高齢者が，「図書館利用が困難である」と認識されることは，居心地の悪さにつながるだろう。それどころか，図書館から遠ざける要因にもなりかねない。

　さらに，5人に1人が高齢者であり，今後も高齢者率が上昇すると考えられている日本において，公共図書館のサービス対象者としての高齢者はもはや「特別な利用者」ではない。それどころか可処分時間を勘案すると，公共図書館における特別な利用者カテゴリーという範疇を越えた，図書館利用者のマジョリティであるとさえい

えるだろう。

　つまり，(1) 高齢者がすなわち「図書館利用が困難である人々」ではないこと，(2) エイジズムにつながる危険性があること，(3) 高齢者は図書館利用者のマジョリティであると考えられること，という3つの要因から，高齢者サービスを障害者サービスの範疇でのみとらえることは適切ではないと考えられる。これらの要因はまた，今後の高齢者サービスを考える上で鍵となる。

3　海外の図書館における高齢者政策

　日本の公共図書館における高齢者サービスのこれからを考えるにあたって，ここで，アメリカおよびカナダ，シンガポールの図書館における高齢者政策に目を転じる。

1　北米の図書館における高齢者を対象とした図書館情報サービス・ガイドライン

　アメリカおよびカナダでは，それぞれの国の図書館協会が，高齢者を対象とした図書館情報サービスのガイドラインを発表している。

　アメリカの図書館界に強い影響力をもつアメリカ図書館協会（American Library Association）では，早くも1970年代頃より高齢者（older adults）の図書館利用を促進するための指針が作成されてきた。その後改定が重ねられ，現在，ALAレファレンス・利用者サービス協会（Reference and User Services Association）のレファレンス・サービス・セクションに設置された高齢者層のための図書館サービス委員会（Library Services to an Aging Population Committee）

によって,「高齢者のための図書館情報サービス・ガイドライン(Guidelines for Library and Information Services to Older Adults)」の2008年版が公開されている。

　このガイドラインでは,55歳以上(a person at least 55 years old)を対象とし,以下の7つを指針として提示している。
(1) 高齢者層に関する最新のデータを入手し,図書館の計画や予算に組み込むこと
(2) それぞれのコミュニティにおける高齢者の特別なニーズや興味が,図書館コレクションや図書館プログラム,図書館サービスに確実に反映されるようにすること
(3) すべての高齢者にとって,図書館コレクションや物理的設備が,安全で快適かつ魅力的なものであるようにすること
(4) 図書館を高齢者に対する情報サービスの拠点とすること
(5) 高齢者層を対象とした図書館プログラムを提供すること
(6) それぞれのコミュニティにおいて来館できない高齢者へアウトリーチ・サービスを提供すること
(7) 高齢者に対して丁寧かつ敬意をもった対応をするよう図書館員を訓練すること

　このALAのガイドラインの改定から堀薫夫は,①ウェブ社会への対応,②ポジティブ・イメージからの高齢者サービス,③ベビーブーマー世代(1946年から1964年生まれの世代)への対応,の3つを近年における重要な動向であると指摘している[14]。

　一方,カナダでも,カナダ図書館協会(Canadian Library Association)の高齢者のための図書館情報サービス分科会(Library and Information Services for Older People Interest Group)によって「カナダ

の高齢者のための図書館情報サービス・ガイドライン（Canadian Guidelines on Library and Information Services for Older Adults）」が出され，2002年に評議会によって承認されている。このガイドラインは前書きで，高齢者サービスにおいて多様性を重視することや，ガイドラインが高齢者層を含めた図書館計画の際のチェックリストとして作成されたこと，これからの図書館は増え続ける高齢者に対してますます図書館利用を推進しなければならないことなどが述べられている。

　アメリカとカナダのガイドラインは，先にあげた大きな7つの柱は全く同じである。アメリカのガイドラインでは，高齢者向きの図書館パンフレットの文字フォントは少なくとも14ポイントとすることとしているのに対し，カナダでは少なくとも12ポイントとしているなど，細かな点は異なるが，大枠でその目指すところは重なり合っている。一方，アメリカとカナダのガイドラインで大きく異なる点は，アメリカでは高齢者を55歳以上と定義しているのに対して，カナダでは60歳以上と定義していることである。カナダにおける60歳は概ね，退職を選択する，あるいは，65歳の定年退職のための計画を立て始める年に相当する。

　アメリカ，カナダのいずれのガイドラインからも，データに基づいて高齢者層を正しく理解したうえで，そのニーズや興味を図書館のあらゆる場面に反映させることが重要であることがわかる。つまり，高齢者を単なるイメージでとらえてサービスを展開するのではなく，エビデンスに基づき客観的に把握した上で，高齢者志向のサービスを展開することが大前提となる。

2 シンガポールの利用者セグメンテーション

シンガポールでは，1990年代から国家情報基盤（National Information Infrastructure）が整備され，インテリジェント国家を目指す"IT2000"計画が推進されてきた。シンガポール国立図書館委員会（National Library Board）は，この政策下で"Library2000"という図書館戦略を公開し，シンガポールの公共図書館政策を推進した。2005年には，"Library2000"の後継となる"Library2010"が発表され，知識経済社会への貢献をあげるとともに，生涯学習支援を目的とした国立図書館および公共図書館の戦略が示された。"Library2010"では3つの指針として，(1) 生活のための図書館，成功のための知識（Libraries for Life－Knowledge for Success），(2) 全コミュニティへのサービス，(3) 知識情報経済・社会での重要な役割，を掲げている。なかでも「生活のための図書館，成功のための知識」は，"Library2010"のサブタイトルにもなっており，中核的な指針といえるだろう。これは，ライフステージに応じたサービスを展開していこうという考え方である。

図2-1は，"Library2010"によるライフステージに応じた図書館サービス戦略である。ここではライフステージに応じて利用者を，(1) 子ども・青少年，(2) 高齢者，(3) 成人，(4) ビジネス・政府，の4つにカテゴライズしている。「子ども・青少年」「高齢者」については「生活のための図書館」，「成人」「ビジネス・政府」については「成功のための知識」にグルーピングされている。

シンガポールではこのように，高齢者をライフステージのひとつとしてとらえ，そのライフステージにあわせた成果や目的について，図書館がどのようにかかわるのかを図書館政策として盛り込ん

第2章　公共図書館における高齢者サービス

生活のための図書館	成功のための知識
子ども・青少年	成　人
成果：自己発見	成果：自己実現
・好奇心 ・発見の喜び ・好学心 ・多様な学習方法	・個人的成長 ・調査・研究・学問 ・スキルの向上 ・専門性向上・キャリアアップ
高齢者	ビジネス・政府
成果：自己信頼	成果：競争上の優位性
・精神的刺激 ・社会との関係性構築 ・生産的余暇 ・高度な専門的能力	・競争力の強化 ・開かれた可能性 ・機会の確保 ・定期的な情報収集

（"Library2010"より作成）

図2-1　ライフステージに応じた図書館サービス戦略

でいる。高齢者については，成果を自己信頼とし，図書館を利用することによって実現する事柄として，(1)精神的刺激，(2)社会との関係性構築，(3)生産的余暇，(4)高度な専門的能力，の4つがあげられている。

4　公共図書館におけるシニア・サービスに向けて

1　アクティブ・シニアと非アクティブ・シニア

これまで述べてきたように，高齢者はすなわち「図書館利用が困難である人々」ではない。言い換えれば，高齢者サービスには障害者サービスと重なりあう部分と重なりあわない部分があるということである。

堀薫夫は，高齢者観の二重性，つまり，高齢者に対して「福祉・保護」イメージと「生活者・活動者」イメージの二重性の視点の重要性を提起している[15]。障害者サービスと重なり合う部分が「福祉・保護」イメージ，重なり合わない部分が「生活者・活動者」イメージと結びつくということができるだろう。従来の高齢者サービスでは「福祉・保護」イメージが強く，障害者サービスと重なりあう部分に焦点があてられてきた。しかし，さらなる高齢化が見込まれる社会においては，「生活者・活動者」イメージに着目し，障害者サービスと重なり合わない部分にもより注力すべきだろう。

また，シニアの立場から図書館利用を提言し，『図書館に行ってくるよ：シニア世代のライフワーク探し』の著者である近江哲史は，「シニア（六十歳以上の人々と仮に定める）」を「ヤング・シニア」と「オールド・シニア」に分けて論じている[16]。近江の論の特徴は，この2つの分類を単に年齢で区切っていないという点にある。「ヤング・シニア」は60歳から75歳，オールド・シニアは75歳以上という線引きはあるものの，これはあくまでも目安でしかない。たとえば，年齢的に「ヤング・シニア」に含まれる人でも「いつも腰痛・膝痛などを訴え，気力も乏しくて外出や人との交流もままならぬ人」は「オールド・シニア」に含まれる。一方，年齢的に「オールド・シニア」に含まれる人でも「元気ピンピン，表に出ればさっさと歩きまわって町内や諸グループの世話役などに忙しい人」は「ヤング・シニア」に含まれるとしている。

つまり，今後の高齢者を対象とした図書館サービスは一元的に考えるのではなく，少なくとも，表2-1のように二元的に考える必要がある。この表では，高齢者を便宜上，アクティブ・シニアと非

アクティブ・シニアに分けている。アクティブ・シニアは，心身の状態が健常であり，堀のいう「生活者・活動者」のイメージを多分にもつグループである。一方，非アクティブ・シニアは心身の状態が健常ではなく，堀のいう「福祉・保護」のイメージをもつグループである。

アクティブ・シニアと非アクティブ・シニアの区分は，心身の状態であり，年齢はあくまでも目安でしかない。また，区分は客観的になされるものではなく，主体的になされるべきである。ただし，これらは明確に区分できるものではなく，アクティブ・シニアと非アクティブ・シニアは，連続的かつグラデーション状につながっているものであることを認識しておく必要がある。

従来型の高齢者を対象とする図書館サービスは，非アクティブ・シニアを念頭においていたと考えられる。しかし，8割近くの高齢者が健康上の問題で日常生活動作等に影響がないという調査結果や，健康寿命が男性 70.42 年，女性 73.62 年 [17] とされる現状に即したサービスを展開するには，アクティブ・シニアを主要な図書館サービス対象者グループと位置づけることが重要である。

非アクティブ・シニアに対する図書館サービスは，障害者サービ

表2-1　アクティブ・シニアと非アクティブ・シニア

	アクティブ・シニア	非アクティブ・シニア
心身の状態	健　常	非健常
イメージ	「生活者・活動者」イメージ	「福祉・保護」イメージ
障害者サービスとの関係	重なり合わない	重なり合う
年　齢	概ね 65 歳から 75 歳	概ね 75 歳以上

スと重なり合う部分が大きい。よって，非アクティブ・シニアについては，従来の障害者を対象とした図書館サービスの範疇で考えることができる。そのなかで，回想法[18]の導入などによる老化現象の抑制[19]の可能性など，さらなる図書館の役割を検証する必要があるだろう。また，各種老人ホームや老人福祉センター，老人介護支援センターなどの福祉施設との連携により，新たな図書館サービスを創出することも課題のひとつにあげることができる。

　一方，アクティブ・シニアについては，別の枠組みで考える必要がある。次項では，アクティブ・シニアを対象とした図書館サービスを考えるうえで，留意すべき点について触れる。

2　アクティブ・シニアの特性

　前項ではアクティブ・シニアを心身ともに健常であり，「生活者・活動者」イメージをもつものとした。アクティブ・シニアとは，「非活動的・受動的・消極的」といったこれまでの高齢者のイメージとは逆の，「活動的・能動的・積極的」な高齢者であるといいかえることができるだろう。日本では，団塊の世代と結びつけて語られることが多い。

　団塊の世代とは，1947（昭和22）年から1949（昭和24年）の第一次ベビーブームと呼ばれた時期に生まれた世代を指す。1947年生まれの団塊の世代が2012年に65歳となり，以降，団塊の世代が高齢者層を牽引していくと考えられる。団塊の世代の特性としては，大規模な集団であること，可処分所得が多いこと，高度成長期の大量消費を経験していること，活発な傾向があることなどがあげられる。日本においては，このような特性をもつ団塊の世代がこれまで

とは異なった高齢者社会を形成するとみられている。アクティブ・シニアの特性をつかむうえで，団塊の世代の特性やニーズを把握しておくことが不可欠である。

　一方，情報通信技術とのかかわりも視野に入れる必要がある。従来，日本では高齢者と情報通信技術は親和性が低いと考えられる傾向にあったといえる。しかしアメリカでは早くから，シニアのコンピュータ活用についてのプロジェクトが進められてきた。たとえば，1986年に組織された非営利団体「シニアネット（SeniorNet）」がある。シニアの社会的孤立という社会問題へのコンピュータの貢献に関する研究プロジェクトを前身としている。シニアのICT（Information and Communication Technology）のラーニング・センターを立ち上げると共に，現在，インターネット上に，シニアのコミュニティを形成している。

　では実際のところ，日本ではどのくらいの高齢者がインターネットを利用しているのだろうか。総務省による通信利用動向調査（平成23年度）によれば，65歳から69歳の60.9%，70歳から79歳の42.6%，80歳以上の14.3%がインターネットを利用している。インターネットの普及率は増加する傾向にあり，今後も増加することが見込まれる。インターネットを使いこなす高齢者もターゲットとした図書館サービスを考える必要があるだろう。

3　シニア・サービスにむけて

　平成23年版の『高齢社会白書』では，2055年の高齢者人口の割合を40.5%と見積もっている。ますます高齢化が進み，図書館利用者のマジョリティが高齢者であるという認識が一般的になる時代に

第1部　高齢者サービスを考える

そなえ，これから公共図書館はどのように高齢者サービスを展開すればよいのだろうか。非アクティブ・シニアだけではなく，アクティブ・シニアに焦点をあてた高齢者サービスを，これまでの高齢者サービスと区別する意味で，シニア・サービスと呼ぶこととし，以下にシニア・サービス実現にむけた基盤形成のための課題をあげる。

1）　意識・イメージの改変

ここでいう意識の改変には，2つの意味がある。ひとつは，図書館側の高齢者に対する意識・イメージの改変である。「高齢者は本を読まない」「高齢者はインターネットを使わない」などの高齢者に対する偏見や既成概念を捨て，調査によって高齢者のニーズを明らかにしたうえで，サービスを展開する必要がある。ニーズ調査は，図書館を利用している高齢者に限られることなく，潜在的利用者に対しても行うことが重要である。また，図書館員は，高齢者の精神的・身体的特性を理解し，高齢者に対して敬意を払うとともに，より礼儀正しい態度で対することが必要である。サービス・ガイドラインの作成も有効だろう。

もうひとつは，高齢者側の図書館に対する意識・イメージの改変である。幼少年期や青年期の図書館体験は図書館に対するイメージを決定づける大きな要因のひとつである。たとえば，昭和20年代に中学生だった近江は下記のように回想している。

　　私は（北陸地方の片隅の）中学生だったころ列車通学をしていたので，学校の帰りにその待ち時間をつぶすのには手頃の場所にあった市立図書館を使っていた。ところがその館では，蔵書棚全部に鍵がかかっていたのだ。利用者は館員に頼んでいちい

ち来て貰い，ガラス越しに指さしてこれを見たいと言わなければ，引き戸を開けて本を取り出すことはできなかった。まことにわずらわしいかぎりだった[20]。

　近江の場合は異なるが，このような少年期の図書館体験は閉鎖的な図書館イメージを形成する可能性が大きい。現在の高齢者の少年・少女期は，日本における公共図書館の発達期にあたっている。その後の図書館の変化を知らなければ，経験上のイメージから，図書館を利用しようとする気さえ起こらないかもしれない。図書館は，高齢者がもっているかもしれないこのようなイメージを払拭すべく，効果的な広報を行うことが重要である。また，高齢者の世代のバックグラウンドを理解することも手助けになるだろう。

2）　利用者としての高齢者との協働

　近年，図書館界においては，利用者との協働がひとつのキーワードになっている。たとえば，大学図書館のラーニング・コモンズにおける学生アシスタントがその好例である。シニア・サービスにおいても同様に，シニア・サービスの担い手として高齢者をとらえることはサービスの質・量を向上させるうえで重要なポイントとなる。

　高齢者がシニア・サービスの提供者となることによって，高齢者のニーズの直接的・継続的把握が可能となるばかりでなく，シニア・サービスの提供者としての高齢者に社会参加の機会を提供することにもなる。また，図書館を場とした高齢者の知的コミュニティを形成することによって，そのようなコミュニティに魅力を感じる高齢者に居場所を提供することができる。よって，高齢者をシニア・サービスの享受者としてのみとらえるのではなく，提供者とし

第1部　高齢者サービスを考える

てとらえることが重要になる。

　章末に，シニア・サービスのこれからについて考えるために，高齢者サービスに関する文献一覧をあげる。

注）
1) 総務庁編『高齢社会白書　平成23年版』大蔵省印刷局, 2011
2) 本章における高齢者は，特に断りがない限り, 65歳以上とする。
3) 「障害者」については，「障がい者」や「障碍者」と表記されることもあるが，本書では「障害者」を使用する。
4) 日本図書館協会障害者サービス委員会編『すべての人に図書館サービスを：障害者サービス入門』日本図書館協会, 1994
5) 内部障害とは,「永続する心臓, じん臓, 呼吸器などの機能障害の強度のもの」をいう。(同上書, p.30)
6) 小林卓・野口武悟編『図書館サービスの可能性：利用に障害のある人々へのサービス, その動向と分析』日外アソシエーツ, 2012
7) 日本図書館協会障害者サービス委員会編『障害者サービス』日本図書館協会, 1996（図書館員選書；12）
8) 高島涼子「高齢者サービスの課題」『図書館界』59(2), 2007.7, pp.81-86
9) 日本都市センター編『高齢化社会と福祉：高齢者福祉対策の研究報告書』日本都市センター, 1975, p.1
10) 安川悦子「現代エイジング研究の課題と展望」安川悦子・竹島伸生編『「高齢者神話」の打破：現代エイジング研究の射程』御茶の水書房, 2002. p.45
11) 井上靖代「高齢者サービス」『図書館サービス論（JLA図書館情報学テキストシリーズ；3）』日本図書館協会, 2010, pp.184-187
12) 高島涼子「高齢者への図書館サービス」『図書館界』45(1), 1993.5, pp.73-78
13) 「公立図書館の設置及び運営上の望ましい基準（文部科学省告示第百三十二号）」2001.7.18 (http://www.mext.go.jp/a_menu/sports/ dokusyo/ hourei/cont_001/009.htm)
14) 堀薫夫「高齢者向けの図書館サービス」『カレントアウェアネス』306, 2010.12, pp.9-12
15) 堀薫夫「高齢者の図書館利用と読書活動をめぐる問題」『現代の図書館』44(3),

第2章　公共図書館における高齢者サービス

2006.9, pp.133-139
16) 近江哲史「シニアはきょうも図書館に出かける」『図書館の学校』68, 2005, pp.8-12
17) 次期国民健康づくり運動プラン策定専門委員会報告（第34回厚生科学審議会地域保健健康増進栄養部会資料), 2012.6.1
18) 高齢者に読み聞かせや昔のポスターや写真を見せて回想を促すことをいう。精神の老化を防ぐ効果があるといわれている。
19) 『高齢者への図書館サービスガイド：55歳以上図書館利用者へのプログラム作成とサービス』では、「老化やアルツハイマー病とのたたかい」への図書館の可能性について言及されている。
20) 近江哲史『図書館に行ってくるよ：シニア世代のライフワーク探し』日外アソシエーツ, 2003, p.3

参考文献

新井恭子「シニアと公共図書館の有効利用：ビジネス支援が引き出す個人と地域の創造性」『情報化社会・メディア研究』5, 2008, pp.51-60

伊藤剛雄「胆沢町立図書館における高齢者への図書提供サービスの実践事例」『図書館雑誌』1997.7, pp.530-531

井上靖代「高齢者サービス」『図書館サービス論（JLA図書館情報学テキストシリーズ；3）日本図書館協会, 2010, pp.184-187

入江有希「英米の高齢者サービスガイドラインに見る高齢者観」『現代の図書館』44(3), 2006, pp.127-132

宇野和博「2010年『国民読書年』に障害者・高齢者の『読書バリアフリー』を考える」『現代の図書館』48(1), 2010, pp.32-38

近江哲史「シニアはきょうも図書館に出かける」『図書館の学校』68, 2005, pp.8-12

近江哲史『図書館に行ってくるよ：シニア世代のライフワーク探し』日外アソシエーツ, 2003

笠井登「双葉町立図書館の『高齢者のための一日図書館』：社会福祉協議会との連携による高齢者サービス」『図書館雑誌』1997.7, p.536

川島勉「"神話"はウソかホントか？図書館は団塊世代を断固挑発せよ！」『図書館雑誌』101(4), 2007.4, pp.216-217

第 1 部　高齢者サービスを考える

国立国会図書館編『公共図書館における障害者サービスに関する調査研究』シードプランニング, 2011

小林卓・野口武悟編『図書館サービスの可能性：利用に障害のある人々へのサービス, その動向と分析』日外アソシエーツ, 2012

品川恭子「老人ホームでの朗読サービス：お年寄り達との交流もまもなく2年　朗読会は成幸（せいこう）ホームに根付いてきたようだ」『みんなの図書館』112, 1986.9, pp.11-19

白根一夫「斐川町立図書館の高齢者サービス：回想法による試み」『現代の図書館』44(3), 2006.9, pp.150-157

白根一夫「イギリス公共図書館による『高齢者サービス』：『司書の海外研修』の報告から」『図書館雑誌』93(7), 1999.7, pp.528-529

菅谷明子「幼児から高齢者まで地域密着のサービス：ブルックリン公共図書館」『図書館の学校』18, 2001.6, pp.24-31

高島涼子「生涯学習機関としての図書館：高齢者サービス」国立国会図書館関西館図書館協力課編『米国の図書館事情 2007』日本図書館協会, 2008

高島涼子「高齢者サービスの課題」『図書館界』59(2), 2007.7, pp.81-86

高島涼子「高齢者と図書館」『現代の図書館』44(3), 2006.9, pp.119-126

高島涼子・真砂良則・菅原創「高齢者の読書環境調査：石川県内におけるケアハウス入居者を対象に」『北陸学院短期大学紀要』37, 2006.3, pp.207-223

高島涼子「高齢者観の変容と図書館：1961年・1971年高齢化に関するホワイトハウス会議を契機として」『京都大学生涯教育学・図書館情報学研究』4, 2005.3, pp.107-129

高島涼子「高齢者生涯教育における図書館の役割」『京都大学生涯教育学・図書館情報学研究』4, 2005.3, pp.195-202

高島涼子「高齢者に喜んでもらうために：ブルックリン公立図書館（USA）高齢者サービス」『図書館界』52(3), 2000.9, pp.148-154

高島涼子「北欧における高齢者への図書館サービス」『北陸学院短期大学紀要』28, 1997

高島涼子「高齢者への図書館サービス」『図書館界』45(1), 1993.5, pp.73-78

高島涼子「高齢化社会における図書館の役割」『現代の図書館』30(1), 1992, pp.59-70

高島涼子「アメリカ合衆国における高齢者への図書館サービス」『図書館界』43(3), 1991.9, pp.138-149

第2章　公共図書館における高齢者サービス

巽照子「団塊の世代と図書館サービス」『図書館雑誌』101 (4), 2007. 4, pp.222-223

田中雅博「医療・福祉と図書サービス」『図書館雑誌』1997.7, pp.533

長倉美恵子「シニアサービス：これからの図書館の重点ターゲット」『図書館の学校』68, 2005, pp.2-7

林貴光・五十嵐弥生・宮城干城「所沢市における図書館の高齢者利用に関するケーススタディ」『工学院大学研究報告』96, 2004.4, pp.161-168

日本図書館協会障害者サービス委員会編『障害者サービスの今をみる2005年障害者サービス全国実態調査（一次）報告書』日本図書館協会, 2006

福富洋一郎「図書館活動をサポートする団塊の世代・シニア世代：地域図書館へのサポート活動のすすめ」『図書館雑誌』101 (4), 2007. 4, pp.218-219

堀薫夫「高齢者向けの図書館サービス」『カレントアウェアネス』306, 2010.12, pp.9-12

堀薫夫「高齢者への図書館サービス論から高齢者の図書館利用論・読書論へ」『図書館界』39 (2), 2007.7, pp.67-71

堀薫夫「高齢者の図書館利用と読書活動をめぐる問題」『現代の図書館』44(3), 2006.9, pp.133-139

宮原みゆき「浦安市立図書館の宅配サービスについて」『図書館雑誌』1997. 7, p.534

メイツ, バーバラ・T.（高島涼子ほか訳）『高齢者への図書館サービスガイド：55歳以上図書館利用者へのプログラム作成とサービス』京都大学図書館情報学研究会, 2006

山内薫『本と人をつなぐ図書館員：障害のある人, 赤ちゃんから高齢者まで』読書工房, 2008

山内薫「高齢者サービスの現状と課題」『現代の図書館』37(3), 1999, pp.142-143

山内薫「墨田区の高齢者サービス」『図書館雑誌』1997.7, p.524

山口和江「老人ホームへの朗読サービスについて」『図書館雑誌』1997.7, p.532

第 2 部

国内外の公共図書館における高齢者サービス

第3章

複数の支援の網で支える高齢者の読書活動
スウェーデンの公共図書館

1　はじめに

　デザイン，教育などの分野において，昨今注目が高まっている北欧地域は，「高齢化」という点でみると日本と同様の課題を抱えている。北欧諸国5ヵ国3地域[1)]の中で最も高齢化が深刻なのはスウェーデンである。日々高齢化するスウェーデン社会において，高齢者に対する公共図書館サービスはどのように提供されているのだろうか。また，スウェーデンに暮らす高齢者は公共図書館サービスをどのように利用しているのだろうか。本章では，スウェーデンの社会福祉環境に触れながら高齢者への図書館サービスをみていく。

2　高福祉国家スウェーデン

　スウェーデンは，ヨーロッパ北部のスカンジナビア半島の東部に位置している。国土は約45万平方キロメートルで，人口は約950万人である[2)]。日本に置き換えてみると，日本の国土の約1.2倍の広さの土地に神奈川県よりわずかに多い人口[3)]が暮らしているとい

うことになる。森と湖が豊富な南北に長い国土は、レーン（län：日本の県にあたる行政単位）とコミューン（kommun：日本の市町村にあたるスウェーデンの基礎自治体））という行政単位によって区切られており、2012年現在、レーンは21、コミューンは290存在する[4]。首都は北欧のベニスと称される水の都、ストックホルムだ。

公用語はスウェーデン語である。しかしながら、2009年7月に施行された「言語法（Språklag）」では、スウェーデン語を社会において共通して用いられる主要語と位置付けながら、国内の少数言語であるサーミ語、フィンランド語、メアンキエリ語、ロマニ・チブ語、イディッシュ語の5語についても並行して保護することが示されている[5]。言語をみるだけでスウェーデンが多民族国家であることがよくわかる。加えて、移民や難民も多数居住しており、その割合は全人口の19.6％にも及ぶ[6]。

産業は自動車を含む機械工業が主要で、世界的によく知られている自動車メーカーのVOLVOの本拠地はスウェーデン第二の都市イョーテボリにある。その他、化学工業、林業等も主要な産業である。

スウェーデンの社会保障と福祉制度が世界的な注目を集めているということは周知の事実であろう。国内総生産（GDP）の30％以上が社会保障費にあてられており、国民は高等教育までの学費、20歳までの医療費、手術費、分娩費をすべて無償で生活することができる。20歳以上の成人については医療費を自己負担せねばならないが、自己負担金の最高額が規定されており、その金額に達するとその後10ヵ月間は無料で医療を受けることが可能となる。また、処方箋の必要な医薬品についても金額が大きくなるにつれて割引率

が高くなるシステムが採用されている[7]。

スウェーデンの社会福祉で最も基本となる法律は 1982 年に制定，2002 年に改正された「社会サービス法（Socialtjanstlagen）」である。この法律の最大の特徴は，障害者福祉，高齢者福祉，児童福祉，生活保護などの社会福祉関連の法律をひとつに束ねていることにある。これは，社会福祉の範囲を広く捉え，すべての市民を対象としている包括的福祉の考え方を色濃く表している。

このような高福祉は，国民の高負担によって実現されている。スウェーデンの国民が支払う租税負担率は世界トップクラスで，50％を超えている。つまり，所得の半分以上は税金や保険料として徴収されている。しかしながら，この高負担に対するスウェーデン国民の反発は少なく，多くの国民は納得した上で納税している。安定して高い質の社会福祉を実現している政府に対する国民の信頼が高負担を可能にしているのだろう。

3　スウェーデンにおける高齢化の現況

2010 年に世界銀行が報告した「全人口に占める 65 歳以上人口の割合」の統計によると，スウェーデンは欧州の中でドイツ（20％），イタリア（20％），ギリシャ（19％）に次いで高い 18％であった。すなわち，スウェーデン国民約 950 万人のうち，約 170 万人が 65 歳以上である[8]。また，2050 年には，女性の平均寿命は 83 歳から 86 歳へ，男性の平均寿命は 78 歳から 84 歳へと延びると見込まれている。そして，2050 年までに 80 歳以上の人口は倍増し，全人口の 8％以上を占めるとの予測がされている[9]。

人口の高齢化は医療・介護分野の国家負担の増大を意味する。し

かしながら、医療費や介護費が急激に増大するのは80歳以上であり、これまでのところ年金受給者の多数派は65歳から70歳であるため、医療費や介護費の国家財政の圧迫はさほど大きな問題になっていない。ただし、すでに述べたように、今後80歳以上人口が右肩上がりに増加していくことは明らかであるため、悠長に構えてはいられない状況である。

2006年10月1日現在、スウェーデンにおける65歳以上の高齢者のうち、在宅介護を利用しているのは約14万300人（8.6%）、介護付き住宅の利用者は約9万8,600人（6.4%）である。最近の傾向としては、介護付き住宅の利用者数が減少の一途にある一方で、在宅介護の利用者数は右肩上がりに伸びている[10]。

スウェーデンの高齢者の大多数（約93%）は、施設に入所することなく、一般住宅で生活している（在宅介護サービスを受けている高齢者を含む）。スウェーデンの住宅の水準は総じて高く、たとえば車椅子を利用するようになっても十分な広さが確保されているため、さほど大きな問題にはならない。また、老後の生活にあった居住空間へのリフォームも積極的に行われている。そのため、自宅で余生を送ることを希望する高齢者が多い。

4　高齢者の利用が高い資料

スウェーデンにおいて多くの高齢者が利用する場のひとつに公共図書館があげられる。どのコミューンの図書館にも高齢の常連利用者が存在し、朝早くから日課のように図書館に訪れ、お気に入りの空間に滞在する。

スウェーデンの公共図書館において高齢者が比較的頻繁に利用し

第3章　複数の支援の網で支える高齢者の読書活動

ている資料に録音図書や「読みやすい本」が挙げられる。これらの資料は本来，高齢者のみを対象に設定されたものではないが，高齢者の中にも多く利用が見られるためここで紹介したい。

1　録音図書

　録音図書は，本が一冊まるごと吹き込まれているCDやカセットテープのことを指す。内容は原本の文章を忠実に追っている。文章を短縮すること，簡単に読めるように修正を加えること，印刷された本から一部を抜粋して吹き込むことは許されていない[11]。

　録音図書の種類は，対象者や用途，分野別に8種類がある。後にも述べるが，スウェーデンでは録音図書や点字図書を専門に扱う国立の図書館が録音図書を貸し出し用に作成している。1）純文学，2）視覚障害者を対象としたノンフィクション，3）弱視者やディスレクシアの人々を対象としたノンフィクション，4）特別録音図書，5）読書訓練用録音図書—ブック＆テープ，6）英語やその他の言語による録音図書，7）カセットブック，8）大学生向けの録音図書[12]である。

　これまではカセットテープでの録音図書の提供を中心にサービスを提供してきたが，現在ではマルチメディア形式のDAISY資料が大半である。DAISY（デイジー）とは「国際デジタル録音資料制作システム（Digital Accessible Information System）」の略称で，テキスト・画像・音声を用いたマルチメディア形式の資料を製作する際の標準的な様式を定めたものである。

　録音図書の製作の中心となるのは，スウェーデン国立録音点字図書館（Talboks-och punktskriftsbiblioteket 以下，TPB)[13]である。

TPBは，いかなる出版物でも，著者や出版社に許可なく録音図書を製作することが認められている。45の異なる言語で5万8,000タイトルを所蔵しており，毎年3,000タイトルの新しい録音図書を製作している。TPBは各地域の公共図書館に対する録音図書の貸借を行っており，市民は地域の図書館を通して録音図書を借りることができる。

2 読みやすい本

年を重ねるにつれ，細かな文字や複雑な表現が含まれた本を避けるようになる高齢者は少なくない。そのような高齢者によく利用されているのが「読みやすい本（Lättläst）」である。

スウェーデンではストックホルムに「読みやすさセンター」(Centrum för Lättläst)[14]という団体があり，「読みやすい本は理解しやすい本」をスローガンに，図書や『8ページ』(8SIDOR)と呼ばれる週刊新聞の刊行を行っている。センターの運営には障害者団体や政治家などが参画し，国から補助も受けている。

「読みやすい本」の読者として想定されているのは，第一に知的障害，学習障害，失語症，ディスレクシアなど，読みに困難をもつ人びとである。また何らかの理由で通常のスウェーデン語資料へのアクセスが難しい人，たとえば視力が衰えた高齢者やスウェーデン語を十分に身につけていない移民にとっても，「読みやすい本」は読書のための重要なツールとなっている。

「読みやすい本」を作るためにはいくつかの規則がある。たとえば内容面では具体的でシンプルなストーリー，時間軸に従った物語の展開，表現に関してはシンプルで意味のはっきりしたわかりやす

い言葉の使用などである。ほとんどの「読みやすい本」はイラスト付きであるが，イラストについても絵や図は本文と直接関係したものを使うこと，また正面から描くことなどが決められている。

「読みやすい本」は，文学，詩集，短編，写真集，ノンフィクションなどのジャンルですでに500点以上，専門の出版社「ＬＬ出版」(LL-förlaget)から刊行されている。

『8ページ』は読みやすい新聞として毎週刊行されるもので，内外のニュースの他，スポーツや文化記事もある。この新聞はインターネットで公開されている[15]。

「読みやすい本」は購入も可能であるが，図書館で借りることもできる。たいがいの図書館では「読みやすい本」がわかりやすい場所に置かれている。図書館員も読みに困難をもつ人びとに，こうした資料を積極的に勧めている。

5　「本が来る」サービス

「本が来る」(Boken Kommer)は，病気や怪我，障害等により，一時的もしくは長期的に公共図書館へ来館することが難しい人に対して，図書館が無料で本を届けるサービスで，どの図書館でも実施している基本的なサービスである[16]。このサービスの対象は高齢者のみではなく，障害者や病人等すべての年代の図書館利用に困難のある人に向けて提供されている。また，一般家庭のみならず，高齢者や障害者を対象とした福祉施設もサービスの対象となっており，図書館員が施設内のコーナーに図書館の本を設置したり，個室に本を届けたりする。

多くの公共図書館には「本が来る」サービスに関する案内のパン

フレットが設置されており,資料の配達を希望する者は最寄りの図書館に申請することで希望の資料を家庭や施設で受け取ることができる。

スウェーデンでは,移動に困難がある市民を対象に各コミューンが送迎サービスを提供しており,送迎サービス利用者には必ず利用者証を発行している。「本が来る」サービスの申請があった際,図書館員は申請者に送迎サービスの利用者証の提示を求め,その利用証の有無で,「本が来る」サービス対象者か否かを判断している。

巡回する頻度は各図書館によって異なるが,多くの図書館はおおよそ1ヵ月に1度の頻度で巡回している。首都のストックホルムのように大規模な都市になると,「本が来る」サービス専属のドライバーが存在する。専属ドライバーは事前に決められた巡回スケジュールに従い,図書館の利用に困難のある人の家庭や福祉施設,医療施設等を巡回し,利用者の希望する資料を届けている。

この「本が来る」サービスは公共図書館のアウトリーチサービスのひとつといえるが,両者の言葉がもつ意味合いには違いがある。アウトリーチという語は,「図書館の利用が困難な人に対して図書館サービスを届ける」という,サービス提供者側からの視点が強く出ている。その一方で,「本が来る」サービスは「図書館の利用が困難な私の元に図書館サービスがやって来る」という,より利用者の側に立った見方であることがわかる。

6 シニア・サーフ

シニア・サーフ（Senior Surf）とは,公共図書館で行われている55歳以上の人のためのいわゆるパソコン教室のひとつである。し

第 3 章　複数の支援の網で支える高齢者の読書活動

かし，シニア・サーフがよくあるパソコン教室と異なるのは「シニアによるシニアのためのパソコン教室」という点である。つまり，受講生である高齢者は，同じ年代に属する高齢のインストラクターから情報通信技術（以下，ICT）のノウハウを学ぶのである。インストラクターとして活動する高齢者の多くは，多大な努力の積み重ねで ICT スキルを獲得した経験をもっている。そしてインストラクターはその経験から，受講生が ICT スキルを身に着ける過程で困難に感じる点を，自らの経験をもとに受講生に伝えることができる[17]。また受講生はそのようなインストラクターの姿から「ICT スキルは努力すれば必ず身に付く」という希望を感じることができるのである。シニア・サーフの受講生であった者が，講習を通して ICT に精通し，後にシニア・サーフのインストラクターとして活動しているという事例も多く存在する。「シニアによるシニアのためのパソコン教室」という活動形態が参加者のモチベーションを高く維持することに繋がっている。

　シニア・サーフの主な活動場所として活用されているのは，地域の公共図書館である。しかし，公共図書館が活動の運営を担っているのではない。シニアネット・スウェーデン（Senior Net Sweden）という団体がシニア・サーフを運営しており，公共図書館は場所の提供と広報の支援という点でこの団体の活動に協力している[18]。

　シニアネット・スウェーデンは企業の支援や会員の会費によって運営されている非営利目的の団体で，1997 年から活動を始めている。活動の目的は，高齢者を対象に ICT の利用の案内と促進をすることである。現在 8,500 名を超えるメンバーがシニアネット・スウェーデンの活動に参加しており，驚くべきことに，全メンバーの

うち約 20％は 75 歳以上の人で構成されている。

　シニア・サーフでは，マウスの使い方やキーボードの打ち方といった基礎的なパソコンの操作に関する事項から，メールの送受信，ソーシャル・ネットワーキング・サービスの利用方法，インターネット・バンキングやネットショッピング等の利用方法，コンピュータ・ウィルスをいかに防ぐかといった情報セキュリティに関する事項等，多様な事柄について学ぶことができる。また，図書館の OPAC や自動貸出機，自動返却機の使用法についてもシニア・サーフの中で取り上げられる。

　シニア・サーフに参加する利点は ICT に関する知識や経験を得ることだけではない。シニア・サーフはコンピュータ教室の域を超え，高齢者の社会交流の場になっているのである。たとえば，公共図書館でのシニア・サーフの講習終了後，同じ講習を受けるメンバーと講習後に他愛ない会話を楽しみ，時には共にランチへと出かけ，帰宅後にはメールでやりとりをする。そのような交流がシニア・サーフの教室の枠を超えて育まれており，参加する高齢者の生きがいに繋がっている。

7　施設のバリアフリー

　1999 年，スウェーデンは障害者や高齢者にとって世界でもっとも暮らしやすい環境を目指すことを発表し，2010 年までに国内すべての公共施設や公共交通をバリアフリー化するという目標を掲げた。2012 年現在，すべての公共施設のバリアフリー化が完了しており，車椅子のためのスロープ，車いすのまま利用可能な多目的トイレ，エレベーター等が取り付けられ，不要な段差は解消されてい

る[19]。もちろんスウェーデン全土の公共図書館も施設のバリアフリー化が完了しており，身体に不自由のある利用者が利用しやすい環境が整備されている。

8　高齢移民を対象とした図書館サービス

　ここまで，スウェーデン全土で行われている，高齢者を対象とした公共図書館サービスをみてきたが，ここからは特定の場における特定の高齢者を対象とした図書館サービスの事例をあげる。

　今日スウェーデンには多くの移民や難民が滞在している。2011年の統計によると，外国生まれ，もしくは両親が外国生まれの人の割合は全人口の19.6％にまで達している[20]。スウェーデンにおいて移民や難民の数が増加したのは第2次世界大戦以降である。スウェーデン政府は不足した労働力を補う目的で1960年代から1970年代にかけて多くの外国人労働者を受け入れた。その後，難民の受け入れや，初期に受け入れた移民の家族の呼び寄せによりスウェーデンの移民や難民の数はさらに多くなった[21]。

　初期に受け入れた移民の多くは現在，高齢者と呼ばれる年齢になっている。つまり，スウェーデンは初めて移民の老後の生活の支援を考えねばならない段階を迎えている。

　高齢移民を対象とした活動に取り組んでいる図書館に，ストックホルム市立図書館国際図書館（以下，国際図書館）が挙げられる。国際図書館は，スウェーデン語，他の北欧言語，英語，仏語と独語以外の120強の言語の図書を20万冊以上所蔵する図書館である。組織としてはストックホルム市立図書館に属しているが，運営費はストックホルム・コミューンから25％，県の単位にあたるストッ

クホルム・レーンから25％,国から50％が出ている。サービスを提供する範囲はストックホルム・コミューン内に留まらず,スウェーデン全体を対象としている。

国際図書館は本だけでなく,雑誌,新聞,ビデオ,CD等を所蔵しており,新聞以外は貸出もしている[22]。国際図書館が購入しているデータベースを通して,70ヵ国1,200紙の新聞にアクセスすることができるため,利用者は出身社会の言語を使って出身社会の情報を入手することが可能である[23]。また,アラビア語,中国語,ペルシャ語,ロシア語,スペイン語,ポーランド語の資料については原語で検索することができる。

移民の高齢化に応じて,国際図書館では高齢移民を対象とした活動を企画してきた。次にこれまでに国際図書館が実施してきた活動の事例として,「読書サークル」と「本が来る」サービスを紹介する。

1 高齢移民を対象とした読書サークル

高齢の移民はスウェーデンでの在住年数は長いものの,スウェーデン語を習得していない場合が多い。そのために,地域で催される文化活動への参加が困難であったり,近所の人とのコミュニケーションが上手くいかない,といった問題を抱えており,しばしば孤独感を抱いて移住先での日々を過ごしている。

孤独な高齢移民のための交流の場を作るために,国際図書館は2004年に単年度プロジェクトとしてアラビア語話者の高齢移民を対象とした読書サークル活動を行った。この読書サークルは国際図書館の独力での運営ではなく,ストックホルムで25年以上に渡り

移民の支援活動を続けてきたシリア協会との協働により実施された。

　活動は，各参加者が自分の好きな資料を図書館から借りて読み，定期的に開かれる読書会の場で互いに読後の感想をアラビア語で話し合うというものであった。サークル参加者に限り，返却期限は通常より長い8週間に延ばされるので，参加者は返却日を気にせずにゆったりと読書を楽しむことが可能であった。また読書会に加えて，博物館などの文化施設への訪問も組み込まれており，見学を通して参加者間の交流はさらに深まった。

　読書会の活動として当初予定していたのは午前中の2時間だったが，参加者の話は2時間では足りず，お茶や弁当を持参して午後も引き続き話している光景がしばしば見られた。そして，この活動に参加する前まで図書館に出入りした経験がなかった参加者の大半が，活動を通じて図書館を利用するようになるという大きな成果も生んだ。中には自ら本を書き始める参加者もいたほどであった[24]。

　読書サークルは読書に焦点を置いた活動であったが，この活動による効果は高齢移民の読書促進に留まらず，新たな仲間との出会いや，新たな生きがいの創出等の多岐に渡って見られた。

2　高齢移民を対象とした「本が来る」サービス

　「本が来る」サービスについてはすでに述べたが，国際図書館では特に高齢の移民を対象としたサービスを実施している。基本的な活動形態としては，5節で記したことと同様に，病気や怪我，障害等により公共図書館へ来館することが難しい移民に対して，国際図書館が無料で資料を届けている。国際図書館の「本が来る」サービ

スの最大の特徴は，4ヵ国語で対応している点である[25]。スウェーデンが移民を受け入れ始めた初期に多く移住したのがトルコ，ギリシャ，ハンガリー，アラブ諸国からの人々であったため，高齢の移民の中にはこれらの国を出身とする人が多いと見込んで，トルコ語，ギリシャ語，ハンガリー語，アラビア語の4ヵ国語でこの活動を開始した。活動を紹介するパンフレットは上記の4ヵ国語で作成されており，パンフレットは申込書を兼ねている。国際図書館の「本が来る」サービスの利用希望者は，申込書に氏名，住所，電話番号，緊急時連絡先（本人以外の人の連絡先），最寄りの公共図書館名，言語等の情報を記入し，国際図書館へ申請することでサービスを受けることができる[26]。このサービスを受けることができるのはストックホルム・コミューンに居住する者に限られている。

しかし，他のコミューンの住民も地域の図書館を介して国際図書館の資料を利用することができる。

9　医療施設・福祉施設の図書館

特定の場における，特定の高齢者を対象とした図書館サービスの別の例として，医療・福祉施設に存在する図書館をみてみよう。

スウェーデンの大規模な医療施設や福祉施設を訪れると，しばしば中央の入り口周辺で図書館を目にする。その大きさはたいてい小規模で，図書館というより図書室と呼ぶ方が相応しい。施設の入所者と，入所者の家族，および施設の全職員は無料でその図書館を利用することが許されている。入所者の中には当然，高齢者も含まれる[27]。

所蔵している資料の種類は幅広い。高齢の入所者からニーズが高

いのは「読みやすい本」や大活字本，録音図書である。入所者の家族が看病の合間に読む小説やノンフィクションも揃えなければならない。また，入所者や施設職員が症状等について調べる際に用いる医学や福祉関連の専門書も必要である。

このような医療施設や福祉施設の小規模な図書館は，施設独自に運営されているのではなく，多くが地域の公共図書館の分館のひとつとして存在している。そのため，施設の図書館に所蔵していない資料についても容易に検索し，予約をすることができる。

勤務する図書館員は１名のみで，同一コミューン内の他館と兼任していることが多い。そのため，医療施設や福祉施設の図書館に勤務するのは週に２〜３回のみである。しかしながら，多くの図書館員の来館日とは関係なく，図書館自体はほぼ毎日開館していることが多く，図書館員が不在の場合には利用者がセルフサービスで貸し出し処理をすませなければならない[28]。

このような医療・福祉施設の図書館が行っているのは貸出サービスばかりではない。施設の経営者や施設職員の承諾が得られた場合には，入所者の入所中の生活を支援する多様なサービスが提供されている。ここでは，以下に「読み聞かせ」と「記憶訓練」について述べる。

1 読み聞かせ

医療施設や福祉施設にある図書館の多くでは読み聞かせを行っている。まず，図書館員が入所者のグループに本を読んで聞かせる。読み聞かせの対象グループはあらかじめスケジュール表を作成し，それに従ってなるべく多くの入所者が読み聞かせに参加できるよう

に入所者へ知らせる[29]。読み聞かせ後，メンバー全員で読んでもらった内容について話し合う。軽度の認知症患者にとって，お話の内容を思い出してグループ全体の前で発表をするということは記憶を維持する訓練になる。過去には，俳優を施設に招き，読み聞かせをしてもらった事例もある。時には，録音図書を用いてお話の流れを伝えながら，印刷図書を併用して細かな描写を伝えるという方法も取られている。また，読み聞かせのプログラムの一環として音楽を用いることも可能である。

2 記憶訓練

　程度に差はあるが，高齢の入所者の中には認知症を患っている者が多数存在する。そのような人のために，病棟で記憶訓練グループが作られている。従来この訓練は，数字や日付等が含まれ，退屈なものであった。それを見兼ねたストックホルムの病院と高齢者施設向け図書館サービス責任者は，図書館資料を用いた記憶訓練を編み出した。まず，テーマ別に箱を用意し，箱の中に挿絵の多いテーマに沿った内容の本や音楽等を入れる。そして，認知症患者のグループは自由に箱を選択し，選んだ箱のテーマについて箱の中の資料を用いながらディスカッションを行う。このテーマ別の箱は貸出制にし，施設に勤務する療法士が記憶訓練の際に自由に利用できるようにしている[30]。

　箱の種類には，たとえば女性の箱，男性の箱，コーヒーパーティの箱等が存在する。女性の箱の中には，ピンク色の下着，麦藁帽子，カーラー，ヘアピン，1920年代や1930年代の田園生活の写真がたくさん掲載されている資料が数冊入れられている。一方，男性

の箱の中には，髭剃り用ナイフ，帽子，釣り道具，タバコなどの写真が載った資料が入っている。

療法士と図書館員が手を取り合い，それぞれの専門的知識を組み合わせることで，認知症患者が主体性をもって参加できる記憶訓練になっている。

10 高齢者の読書活動を支援するスウェーデンの公共図書館

スウェーデンの公共図書館では高齢者に対して，「読みやすい本」や録音図書の提供，「本が来る」サービスによる資料の配達，シニア・サーフによるICTスキルの向上，医療施設や福祉施設における図書館活動等が行われている。

ここで改めて確認したいのは，それらの活動の対象となる人々の範囲である。シニア・サーフは活動名称に「シニア」とあるように，「高齢者による高齢者のためのコンピュータ教室」であるため，活動対象は高齢者に限定されている。しかしながら，その他の活動については，「図書館の利用に困難のある者」や「読書に困難のある者」というように，活動対象が高齢者に限定されていないことがわかる。つまり，「高齢者サービス」という年齢による括りで対象を限定することなく，対象範囲を幅広く捉え，図書館の利用に困難を抱える人を複数の支援の網で支えている。公共図書館サービスのなかに複数のセイフティネットが設けられているのである。スウェーデンの地域の公共図書館は，本章で紹介した録音図書や「読みやすい本」「本が来る」などを複数同時並行に実施しており，利用者は自らの図書館利用の困難の程度やその時々のニーズに応じてそれらのサ

ービスを利用する。それは地方の小規模な公共図書館であっても決して例外ではない。

なお，本章で紹介したスウェーデンにおける1つひとつの取り組みは，名称に若干の違いはあれ，日本でもすでに取り組まれているものが多い。また，「高齢者サービス」という名称を用いることなくサービスを展開している点でも日本と共通している。ただし，スウェーデンでは高齢者に対する図書館サービスが幾重にも同時に提供されており，そのなかで高齢者の読書活動が支えられている点で興味深い。

スウェーデンは，2050年には80歳以上の人口が全人口の8％以上を占め，さらに高齢化が進展すると予想されている[31]。その際，スウェーデンの公共図書館は「高齢者サービス」という名称を用い，新たな概念を構築していくのだろうか。あるいは，現行の支援体制を維持し，「図書館の利用に困難を抱える人」を複数の支援の網で支えていくのだろうか。スウェーデンの公共図書館のサービス対象としての高齢者の捉え方について，今後も注意深く見つめたい。

注）
1) アイスランド，スウェーデン，デンマーク，グリーンランド（デンマーク領），フェロー諸島（デンマーク領），ノルウェー，フィンランド，オーランド諸島（フィンランド領）の5ヵ国3地域が北欧理事会（Nordic Council）加盟国であり，北欧諸国とされている。
2) Statistics Sweden, "Population Statistics, January-June 2012", Statistics Sweden, 2011. (http://www.scb.se/BE0101-EN)
3) 2012年3月1日現在，神奈川県の人口は905万3,776人である（平成22年国勢調査）。
4) "Central, regional and local government", Government Offices of Sweden.

第3章　複数の支援の網で支える高齢者の読書活動

　　　（http://www.sweden.gov.se/sb/d/2102/a/20611）
5）　井樋三枝子「スウェーデン：言語の法的地位を規定する言語法の制定」『外国の立法』2010, No.243-2. （http://www.ndl.go.jp/jp/data/publication/legis/pdf/02430208.pdf）
6）　"Summary of Population Statistics 1960-2011", Statistics Sweden.（http://www.scb.se/Pages/TableAndChart____26041.aspx）
7）　厚生労働省大臣官房国際課「各国にみる社会保障施策の概要と最近の動向（スウェーデン）」『世界の厚生労働 2007』2007, p.249（http://www.mhlw.go.jp/wp/hakusyo/kaigai/08/dl/25.pdf）
8）　"Population ages 65 and above（% of total）", The World Bank.（http://data.worldbank.org/indicator/SP.POP.65UP.TO.ZS）
9）　スウェーデン政府内閣府社会保健省，"スウェーデンにおける高齢者の現状"，社会保健省，2007, No.17（http://www.swedenabroad.com/SelectImageX/6049/elderlyinSweden.pdf）
10）　同上
11）　Talboks-och punktskriftsbiblioteket（Talbok and Braille Library）."児童と青年のための録音図書（スウェーデン）"，障害保健福祉健康情報システム（http://www.dinf.ne.jp/doc/japanese/resource/blind/sweden_tpb/index.html）
12）　Talboks- och punktskriftsbiblioteket（Talbok and Braille Library）."スウェーデンのディスレクシアに関する情報－スウェーデン国立録音点字図書館（TPB）報告書より"，障害保健福祉健康情報システム（http://www.dinf.ne.jp/doc/japanese/access/library/swedendx.html）
13）　"The Swedish Library of Talking Books and Braille, TPB". Talboks- och punktskriftsbiblioteket（http://www.tpb.se/english/）
14）　"Om Centrum för lättläst". Centrum för lättläst.（http://www. lattlast. se/start）
15）　"Om 8 SIDOR". 8 SIDOR（http://www.8sidor.se/start/om-8-sidor）
16）　"Boken kommer", Bibblo. se.（http://www.bibblo.se/overkalix-bibliotek/ bokenkommer）
17）　"SeniorNet Sweden-a Network Community of Seniors 55+in Sweden", SeniorNet Sweden.（http://register.seniornet.se/browse. jsp?id= 01_03& cikkid=424）

18) "En IT-förening för seniorer i Sverige". SeniorNet Sweden. (http://register.seniornet.se/browse.jsp?id=02_02&cikkid=2109)
19) Wennberg, Hanna, Barrier-free outdoor environments: Older peoples' perceptions before and after implementation of legislative directives, *Transport Policy*, 2010, Vol.17, No. 6, pp.464-474
20) "Summary of Population Statistics 1960 - 2011". Statistics Sweden. (http://www.scb.se/Pages/TableAndChart____26041.aspx)
21) 堤恵「北欧の移民・難民への図書館サービス－スウェーデンとデンマークの事例から」『カレントアウェアネス』2006, No.287, pp.8-10 (http://dl.ndl.go.jp/view/download/digidepo_287083_po_ca1585.pdf?contentNo=1)
22) 吉田右子「北欧におけるマイノリティ住民への図書館サービス：デンマークとスウェーデンを中心に」『図書館界』2007, Vol.59, No.3, p.178
23) 小林ソーデルマン淳子「北欧のコミュニティと公共図書館スウェーデン」『カレントアウェアネス』2008, No.295, p.22
24) "Läsecirklar för äldre invandrare", Internationella Biblioteket. (http://www.interbib.se/default.asp?id=11452)
25) "Books to you", Internationella Biblioteket. (http://www.interbib.se/default.asp?ptid=&id=15678)
26) "Mallar, skyltar & broschyrer- Bokenkommer", Internationella Biblioteket. (http://www.interbib.se/Files/Files_Information/Boken%20kommer%20arabiska%20f%C3%A4rdig.pdf)
27) イールヴァル, ビルギッタ, "スウェーデンの高齢者施設向け図書館サービス", 日本障害者リハビリテーション協会情報センター (http://www.dinf.ne.jp/doc/japanese/access/info/sdlibrary.html)
28) 同上
29) 同上
30) 同上
31) 前掲9)

第4章

アウトリーチサービスから
多様な高齢者サービスへ
アメリカの公共図書館

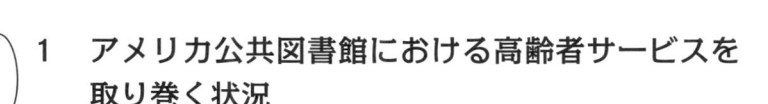

1 アメリカ公共図書館における高齢者サービスを取り巻く状況

　公共図書館の「在宅サービスは,ライフラインである」[1]という言葉は,ミネソタ州に住む高齢者によるもので,公共図書館のアウトリーチサービスの意義を端的に表している。この高齢者は「86歳のときに目が悪くなり,運転免許が更新できず車の運転ができなくなってしまったことから,図書館の利用者カードを作成し,図書館サービスを利用するようになった。私にとって図書館は第二の我が家のようであり,図書館からの在宅サービスをいつも楽しみにしている。90歳になった今でも一人暮らしをいる私に,知識豊富な図書館員が,私が興味を引きそうな資料をたくさん届けてくれる」[2]と公共図書館サービスを高く評価していた。

　アメリカ公共図書館における高齢者に対するサービスは,成人サービスの一部に含まれるか,あるいは特別なニーズをもつ人々に対するサービスのひとつとして位置付けられることが多い。もちろ

ん，公共図書館の中には，高齢者サービスを独立したひとつのサービスとして掲げているところも少なからず存在する。ただ，児童サービスやティーンエージャーに対する図書館サービスと比べれば，高齢者に対する図書館サービスは位置づけが曖昧なため，ひとつの確立したサービスとしての共通認識がもたれてこなかった。そうしたなかで，高齢者に対する公共図書館のアウトリーチサービス（outreach service）は，特別なニーズをもつ人々に対するサービスの一部として位置づけられてきた。まずは，アウトリーチサービスを中心にアメリカにおける高齢者サービスの展開をみてみよう。

　公共図書館では，図書館のサービスを享受できない人々に図書館のサービスを提供する方法全般を「アウトリーチサービス」と呼称するようになった1960年代以降，アメリカの公共図書館は，何らかの要因によって図書館へ来館することが困難な人々の存在に注意を払いはじめた。

　まず，1960年代，高齢者は，身体機能の低下や病院や施設への入所といった要因により，公共図書館サービスを享受できない人々と考えられていた。その後，1970年代になると，アメリカの公共図書館において高齢者サービスの取り組みが展開されるようになり，その取り組みは公共図書館のアウトリーチプログラムの一部として明確に位置づけられるようになった。このときから，病院，施設などに入所する高齢者に図書館資料を届ける手法や，高齢者の住宅を訪問し，面談に基づき，好みの図書館資料を直接届ける手法，大活字図書や録音図書などを郵送する手法，図書館外で図書館が主催する講演会，上映会などのイベントを行う手法が採られてきた[3]。

第 4 章　アウトリーチサービスから多様な高齢者サービスへ

　これらの高齢者に対するサービス手法自体は，現在アメリカにある大半の公共図書館が取り組む，高齢者サービスの手法に引き継がれている。だが，一方で現在のアメリカでは，高齢化を迎えるベビーブーマー世代（1946年から1964年生まれ）の人々の存在が強く意識されるようになり，図書館全体として新たな視点に基づくサービスを模索し始めている[4]。それはアメリカ図書館協会（American Library Association）傘下のレファレンス利用者サービス協会（Reference & User Services Association）が2008年に改訂した「高齢者のための図書館情報サービスガイドライン（Guidelines for Library and Information Services to Older Adults）」[5]にも示されている。このガイドラインは，従来のマイノリティとして特別なサービスを享受する高齢者という位置づけのみならず，社会でコンピュータなどの情報インフラを積極的に活用する高齢者像も含めた新たなサービスの方向性を示している。

　こうした新たな方向性を反映しアウトリーチサービスにも変化があらわれている。たとえば，アメリカの公共図書館は，図書館に来館できない高齢者に対する図書館サービスとして，図書館のウェブサイト上で，メディケア（medicare）[6]に関する情報や自治体の高齢者担当部署の情報など，高齢者の生活に関わる様々な情報へのアクセスを手助けするためのリンク集を作成し，提供している。ベビーブーマー世代の高齢者は，コンピュータの操作に慣れており[7]，情報へのアクセスも広い意味でのアウトリーチサービスとして位置づけている。この取り組みは，従来行われてきた公共図書館のアウトリーチサービスに比べて，多額の費用も要さず，取り組みやすいサービスである。

サービスの運営体制についてみると，高齢者サービスを明確に位置づけていないアメリカの公共図書館では，高齢者サービス担当の専任図書館員が置かれることは少ない。その多くは特別なニーズをもつ人々に対する図書館サービスを行う担当図書館員かアウトリーチサービス担当の図書館員が高齢者サービスも含めて担っている。こうした状況から高齢者サービスを担う図書館員の複数配置は，一部の大規模な公共図書館を除きほぼ行われていないことがわかる。だが，各高齢者に合わせた図書館資料を準備し，届けるためには，個別の細やかな対応をするための人員と多様な資料が必要となる。そこでアメリカの公共図書館では，多くの人員を雇い，多様な資料購入の費用が必要とされる高齢者のアウトリーチサービスは，コストの高いサービスとして認識されているようだ。アメリカの公共図書館において，高齢者サービスを実施するマンパワーを補い，コストを少しでも抑えるため，図書館友の会をはじめとする図書館ボランティアの協力が重要と考えられている。中でも図書館ボランティアは，高齢者宅まで，図書の配達準備や配達などを担当する上で必要不可欠な存在となっている。

2　多様な展開をみせる高齢者サービス

次に，アウトリーチサービスに限定せず，多様な展開をみせる高齢者サービスの現状を紹介したい。まず，高齢者に対する図書館サービスに積極的に取り組んでいるのは，多様な背景を有する人々に対するサービスに取り組んできたニューヨーク州や隣接するニュージャージ州の公共図書館である。さらに，高齢者が流入する地域として知られるカリフォルニア州やアメリカ南部の公共図書館におい

第4章　アウトリーチサービスから多様な高齢者サービスへ

ても，高齢者サービスは盛んに取り組まれている。

1　ニューヨーク州やニュージャージ州の事例
1）　ブルックリン公共図書館（Brooklyn Public Library）

　ニューヨーク州ブルックリン公共図書館は，全米の公共図書館の中でも高齢者に対し最も積極的なサービスを提供する図書館として知られている。ブルックリン公共図書館で行われている高齢者サービスは，独立した部門で運営されており，そこに高齢者サービスの専任担当者が5名ほど配置されている。しかし多様な高齢者サービスを専任担当者のみで実現することが難しいため，サービス対象者でもある高齢者自体も高齢者サービスのためのマンパワーとして活用している。高齢者サービスに関わる高齢者は，シニアアシスタントと呼ばれるボランティア（ボランティアといっても，図書館から少額の手当が支給される）という位置づけで，企画から運営に至るまで関わっている点に特徴がある。

　多様な文化的背景をもった人々が居住するブルックリンでは，高齢者移民への識字支援サービス，ナーシングホーム（Nursing Home）[8]，在宅高齢者への資料配送，シニアアシスタントが関わる講演会，読書会，討論会，コンサート，上映会などを高齢者に向けたサービスとして取り組んでいる。特に，コンサートや上映会は，高齢者から人気のサービスとなっている。

　また，フードスタンプ（Food Stamp）[9]や社会保障，保健に関して高齢者が学ぶためのワークショップがシニアアシスタントによって企画されている。そうした企画とともに，無料で受診できる血圧クリニックなども実施されている。

第2部　国内外の図書館における高齢者サービス

　さらには，高齢者のための行政情報，教育機会，健康，住宅，資産，法律，ボランティア等の情報が図書館のウェブサイトで，リンク集として整理されたうえで，提供されている。ボランティアの項目では，ブルックリン公共図書館の高齢者向けサービスのためのシニアアシスタントに関連するウェブサイトへのリンク[10]もはられている。

2）　クィーンズ図書館（Queens Borough Public Library）[11]

　ニューヨーク州クィーンズ図書館では，来館の困難な高齢者に対し，印刷資料および AV 資料の郵送サービスを行っている。また，ナーシングホーム，高齢者住宅，デイケアセンター，高齢者センターなどで使うためのファッション，自動車，ペットなどを回想するビフォカル・キット（Bi-Folkal Kit）[12]を提供している。その他，クィーンズ図書館とベルアトランティック会社の共同で，高齢者に文字通信端末（TTY）[13]を3週間貸し出すサービスも行っている。

　来館する高齢者に対しては，ブッククラブと自分史執筆のプログラムを提供している。さらに，ニューヨーク市高齢者局の支援に基づく，60歳以上の高齢者を対象にした特別な運動，気晴らしの方法，良い栄養状態を得ることを目的としたステイウェル・プログラム（Stay Well）[14]も実施している。

3）　ニューヨーク公共図書館（New York Public Library）

　ニューヨーク公共図書館では，教育・学習・リテラシー・アウトリーチ事務局が，高齢者に向けたサービスを担っている。図書館のサービスを説明するための図書館員によるナーシングホームや高齢者宅の訪問，まとまった図書の貸出し，ビフォカル・キットの提供，郵送サービスなどに取り組んでいる。その他にも，来館する高齢者

第4章　アウトリーチサービスから多様な高齢者サービスへ

に向けた高齢者のための文章執筆ワークショップ，自伝執筆ワークショップ，50歳以上のための効果的な就職戦略，50歳以上のための無料もしくは安価なフィットネス，資産や情報リテラシーをつけるなどの中・高年向けの多様なテーマの講座が実施されている。

4）　ノースショア公共図書館（North Shore Public Library）

　ニューヨーク州ノースショア公共図書館は，貸出しカウンターの近くに，高齢者情報コーナーを設け，高齢者向けの各種パンフレットを並べ，関連する情報ファイルを並べている。ノースショア公共図書館の高齢者を対象としたプログラムには，有料のものと無料のものとがある[15]。有料（12ドル程度）のものは，ヨガを中心に高齢者のためのストレッチを含んだプログラムである。無料のものは，メディケアに関する相談会，血圧測定会，映画会，コンピュータのボウリングゲームが含まれる。また，来館できない高齢者に対しては，図書や映像資料を宅配するサービスにも取り組んでいる。

　この他にもニューヨーク州の公共図書館では，ミドルカントリー公共図書館（Middle Country Public Library）によるシニアプログラムという高齢者団体と共同で運転免許に関する情報提供[16]やナッソー図書館機構（Nassau Library System）による高齢者コネクションプログラムという，高齢者が必要とするウェブ情報資源をまとめたリンク集[17]を作成し情報提供を行っている。

5）　オールドブリッジ公共図書館（Old Bridge Public Library）

　ニュージャージ州オールドブリッジ公共図書館では，シニアスペース（Senior Spaces）という名称を掲げた高齢者向けのアウトリーチ活動に取り組んでいる[18]。その活動は，月曜日正午からブリッジクラブ（トランプゲーム），火曜日午後1時半からスクラブルク

ラブ(盤上ゲーム)とクラフトクラブ,水曜日午後6時半からチェスクラブ,金曜日午後1時半から映画会というような毎週実施されるイベントから構成されている。また,オールドブリッジ公共図書館では,図書館のウェブサイト上にシニアリンクという高齢者が利用しそうな健康,学習,キャリアなどのカテゴリーに分けた情報源へのリンク集[19]を設けている。さらに図書館では高齢者のみを対象としたブログを運営していた[20]が,現在は図書館全体のブログに統合されている。

2 カリフォルニア州の事例
1) サンタクララカウンティ図書館(Santa Clara County Library)

カリフォルニア州サンタクララカウンティ図書館では,高齢者サービスとしてイベントプログラムの紹介,「フレンドリーサービス」と称するレファレンスサービス,図書館の情報検索の仕方などのプログラムも提供している。また,高齢者が好みの図書を容易に探すことができるようにウェブ版のブックリストが提供されている。ビフォカル・キットといった過去を回想するための道具を提供するサービスとともに,ブッククラブ・キット(Book Club Kits)といった読書会のための道具などの提供が行われている。この図書館では,一人ひとりの能力にあわせて活動可能なボランティアとして,高齢者を募集している。

2) アラメダカウンティ図書館(Alameda County Library)

カリフォルニア州アラメダカウンティ図書館では高齢者に対する図書の配送サービスを行うとともに,高齢者のためのコミュニティ情報を提供するためのウェブリンク集[21]を提供している。ナーシ

第4章　アウトリーチサービスから多様な高齢者サービスへ

ングホームやデイケア施設で使うためにビフォカル・キットの提供も行っている。同館では，著者を招き，その著作について話をする「著者と会おう（Meet the Author）」という高齢者のためのプログラムに取り組んでいる。たとえば，1950年代から60年代のブルーカラーの実生活を描いた小説『ランチ・バケット・パラダイス（Lunch bucket paradise）』の著者フレッド・スティルバーグ（Fred Setterberg）などが招かれている。このプログラムは，同じ内容のものを分館も含めて複数回開催している。また来館した高齢者のための歩行器も準備されている。

3）　サンタモニカ公共図書館（Santa Monica Public Library）

カリフォルニア州サンタモニカ公共図書館では，「シャットイン・サービス（Shut-In Service）」という名称で，一人で外出の難しい在宅高齢者[22]に対して，ボランティアが資料を届けるサービスに取り組んでいる。このサービスは，事前に図書館利用カード発行を受けていなくても，高齢者が申し込みするだけで好みの資料を選び，無料で届ける方法である。その運営を担うボランティアは，高齢者からも募集されている。

4）　サンノゼ公共図書館（San José Public Library）

カリフォルニア州サンノゼ公共図書館アルヴィーソ分館では，高齢者の生活に密着した情報提供の他に様々なサービスを提供している。そのひとつが，2010年11月に週2回実施された高齢者栄養プログラムである。このプログラムは，高齢者に栄養価の高い食事を低コストで提供し，予防医療と長期ケアを栄養の面から推進することを目的としたものである。高齢者の栄養プログラムを希望する高齢者に対し，栄養教育を行うとともに，管理栄養士によって1日に

必要な栄養摂取基準の3分の1を満たすよう考えられた食事も提供された。この他にも,サンノゼ公共図書館では,高齢者に向けた歩行器を準備し,高齢者に対するコンピュータの使い方講座や映画会,討論会などのサービスに取り組んでいる。

③ 南部の事例
1) サンアントニオ公共図書館(San Antonio Public Library)

テキサス州サンアントニオ公共図書館では,ナーシングホーム,デイケア施設に図書館員とボランティアが図書を届け,読み聞かせを行うアウトリーチサービスに取り組んでいる。また,サンアントニオ公共図書館では,ボブ・ロス高齢者総合サービス健康情報資源センターと共同で,高齢者のための無料健康プログラムを提供している。このプログラムは,高齢者のための情報提供サービスを一ヵ所で行うものとなっている。

2) デラウェアカウンティ図書館機構
(Delaware County Library System)

ペンシルベニア州デラウェアカウンティ図書館機構では,図書館イベント,地域情報,高齢者生活,行政,健康・保健,家系,法律問題に区分した高齢者向けリンク集[23]を作成し,高齢者が関心をもつウェブ情報資源へアクセスしやすいように工夫している。たとえば,高齢者生活のリンク集は,高齢者施設の案内,高齢者の全米組織の情報を提供し,家系のリンク集は,地域の年表や電子化された地域資料へのアクセスを提供している。

3) バージニア州とテネシー州の公共図書館

バージニア州ブリストルとテネシー州ブリストルという双子都市

に設置されたブリストル公共図書館（Bristol Public Library）は，来館の困難な高齢者に対する資料の配送サービスを行うとともに，図書館のウェブサイトで高齢者に向けた情報を整理したリンク集[24]を提供している。また，バージニア州アーリントン公共図書館（Arlington Public Library）は，高齢者に向けたウェブサイト検索法の講座[25]を実施するとともに，図書館のウェブサイトで高齢者向けリンク集として，健康，資産，法律，余暇，学習，家庭，地方自治体（高齢者サービス機関）に関するウェブ上の情報を整理して提供している。

3 アメリカ公共図書館における高齢者サービスの特徴

　アメリカの公共図書館は，従来から図書館に来館できない人々に対して，高齢者施設など大勢の利用者に対しては自動車図書館を活用し，個人住宅の利用者に対しては，高齢者ボランティアにより宅配を活用するなど，利用対象者の状況に合わせた方法で資料を提供してきた。

　来館可能な高齢者には，公共図書館で実施されるヨガやコンピュータを使った検索法の講座，ビフォカル・キットを活用した回想法，著者に会って話をするイベントなどを通し，高齢者に他の高齢者や図書館員とコミュニケーションする場としての図書館を提供している。それらに加え，公共図書館は他機関と共同して栄養プログラムや健康プログラムを提供することで，図書館のみでは提供できないような情報を提供し，高齢者が生活情報を入手する場となっている。

第 2 部　国内外の図書館における高齢者サービス

　他の高齢者の役に立ちたいと考えている元気な高齢者には，高齢者に対する図書館サービスに関わるボランティアとして活動する機会が公共図書館から与えられている。すなわちアメリカの公共図書館は，高齢者を特別なサービスを享受するだけの受け身の存在として捉えてはいない。さらに，コンピュータをはじめとする通信端末の操作に慣れた高齢者にむけては，図書館はウェブサイトに高齢者の求める情報をまとめたリンク集を作成し，ウェブサイトからサービスを申し込むことができる取り組みをはじめている。

　このことは，アメリカ各地の公共図書館が，元気な高齢者を図書館サービスの対象と認識し，各高齢者の能力や生活，身体状況に応じて関われるよう，多様なサービスの選択肢を準備しようと取り組んでいることを示している。

注）
1) Zettervall, Sara. When There Is No Frigate But a Book, *American Libraries*, 2011, 42 (1/2), pp.49-51.
2) *Ibid.*
3) 中山愛理『図書館を届ける: アメリカ公共図書館における館外サービスの発展』学芸図書, 2011, 320p.
4) Rothstein, Pauline ; Schull, Diantha Dow, eds. *Boomers and Beyond: Reconsidering the Role of Libraries*, American Library Association, 2010, viii, 144p. Frey, Susan M. et al., "Senior outreach in practice"., *Librarians as community partners : an outreach handbook*, Carol Smallwood, ed. American Library Association, 2010, pp.27-40
5) Reference and User Services Association of the American Library Association, "Guidelines for Library and Information Services to Older Adults", Reference and User Services Association of the American Library Association. (http://www.ala.org/rusa/resources/guidelines/libraryservices)

第4章 アウトリーチサービスから多様な高齢者サービスへ

6) メディケアは,高齢者(ほかに障害者)に対する連邦政府が所管する医療保険制度である。
7) Rothstein, Pauline ; Schull, Diantha Dow, eds. op. cit.
8) ナーシングホームは,看護と介護を合わせた居宅介護型施設で,看護師が運営の主導権を握っている。入居費用が月1万ドルほどと高額のため,入居したことで貧困に陥る高齢者も存在する。
9) フードスタンプとは,アメリカの貧困者に対して,食料品(未調理のもの)を購入できるバウチャー(金券)を交付する制度である。連邦農務省が所管する制度であるものの,運用(交付基準)は各州によって異なる。なお,貧困高齢者は一部の調理済み食品の購入が認められている。
10) Brooklyn Public Library,"Information for Older Adults and their Caregivers", Brooklyn Public Library. (http://www.brooklynpubliclibrary.org/seniors/links)
11) 正式名称は,Queens Borough Public Library であるが,Queens Library との通称がよく使われるため,便宜的に日本語名はクィーンズ図書館としている。
12) ビフォカル・キットは,回想法キットともいわれる。過去を回想するための古い写真,昔の新聞記事,過去の映像,数十年前の雑貨,日用品などをまとめたものである。これらのキットを用いて,過去を回想することで,高齢者の交流を図ったり,心理療法として行われたりする。
13) TTY は,キーボードの付いている専用電話端末を使い,利用者がオペレータに文字をタイプしてメッセージを伝えたものを,オペレータが音声にして相手へ伝える。相手から音声で伝えられたものは,利用者へ文字に変換されて端末に表示されるシステムのことである。
14) Queens Borough Public Library,"Older Adults," Queens Borough Public Library. (http://www.queenslibrary.org/services/older-adults)
15) North Shore Public Library,"Especially for Seniors", North Shore Public Library. (http://northshorepubliclibrary.org/news_senior. shtml)
16) Middle Country Public Library,"Adults: Boomers & Seniors," Middle Country Public Library. (http://www.mcpl.lib.ny.us/adults/seniors/)
17) Nassau Library System,"Senior Sites," Nassau Library System. (http://www.nassaulibrary.org/senior/seniorsites.htm)
18) Kleiman, Allan M., "Senior Spaces: The Library Place for Baby", Libraries

Serving Disadvantaged Persons, Qućbec, Canada, 2008-08-10/14, World Library and Information Congress: 74th IFLA General Conference and Council., 2008, p.1-6. (http://archive.ifla.org/IV/ifla74/papers/072-Kleiman-en.pdf)
19) Old Bridge Public Library, "Senior Links Senior," Old Bridge Public Library. (http://www.oldbridgelibrary.org/senior_links.html)
20) Old Bridge Public Library. Senior Spaces. (http://www.infolink.org/seniorspaces/)
21) Alameda County Library,"More Resources," Alameda County Library: Older Adults. (http://guides.aclibrary.org/content.php?pid=187859&sid=1577153)
22) サンタモニカ公共図書館では,病気や障害等の理由で6ヵ月以上外出できない高齢者と定義づけている。
23) Delaware County Library System, "For Older Adults". Delaware County Library System. (http://www.delcolibraries.org/older.htm)
24) Bristol Public Library,"Senior Issues", Bristol Public Library. (http:// www.bristol-library.org/resources/senior-issues)
25) Arlington Public Library, "Tech Class: Surf's Up for Seniors-Central" Arlington Public Library. (http://library.arlingtonva.us/ai1ec_event/tech-class-surfs-up-for-seniors-central/?instance_id=)

第5章

政策が主導する高齢者サービスの向上
韓国の公共図書館

1 はじめに

　韓国は2000年に,総人口に占める65歳以上の高齢者人口の割合が7％を超える高齢化社会を迎えた。2018年には14.3％,2026年には20.8％に達し,超高齢社会に突入することが見込まれている[1]。高齢者人口の比率が14％台から20％台に到達するのにかかる時間はわずか8年で,アメリカやフランスなどOECD加盟国と比べ世界的にも類を見ないほど速いスピードで進んでいるといわれている[2]。韓国の統計庁が発表した2010年11月1日現在の総人口数は4,858万名で,その中で65歳以上の高齢者人口は542万5,000名で全体人口の11.3％を占めている[3]。2005年の9.3％に比べ5年間に2％（105万900名）が増えたことになる。広域自治団体別では,全羅南道が20.4％と最も高齢化が進んでおり,その次が慶尚北道16.7％,全羅北道が16.4％である。

　こうした韓国において高齢者福祉に社会的関心が向けられ始めたのは,1980年代からである[4]。1981年6月に「老人福祉法」が制

定されて以来,様々な老人福祉施設を設置するなど国レベルで高齢化に対応するための政策が次々と発表されてきた。生活の中で高齢者の余暇時間を有効活用できるような余暇施設としては老人福祉館,敬老堂[5],老人教室,老人休養所などがある。中でも老人福祉館は,高齢者の教養・趣味生活および社会参加活動に対する情報やサービスを提供するなど高齢者の福祉増進に必要なサービスを提供してきた[6]。

　2007年に発足した文化体育観光部(省に相当)は「疎外階層の文化享有拡大支援方案[7]」を発表し,2012年度文化福祉の予算として総額1,182億ウォンを支援(2011年度に比べ280億ウォン増額)することを確定している[8]。文化福祉(culture welfare)とは,定められた概念や定義はないが1980年代に政策分野で使われていた用語であり,図書館側では図書館法に根拠し情報の利用や活用に不平等な状況に置かれている階層である障害者[9],高齢者[10],生活保護受給者,農業村地域住民のための図書館サービス全般を意味する[11]。文化体育観光部は2012年度業務報告で疎外階層の文化格差の解消を政策のひとつとして取り上げている[12]。そこで本章では,現在の韓国図書館界,特に公共図書館における高齢者サービスの現状を紹介する。

2　図書館政策からみる高齢者サービス

　韓国では,1963年に初めて「図書館法」が制定された[13]。日本に比べて10年あまり遅い出発ではあったが,社会的要請に応えて改正を繰り返してきた。ここでは,図書館法の中でもサービス対象者として初めて高齢者について取り上げた2006年の図書館法から

2012年までのそれに関連付けた図書館政策について述べる。

　一般的に公共図書館は，社会教育機関として不特定多数の地域住民のために資料・情報を提供するのはもちろん，読書をはじめ，人々が知識や情報を得たり余暇時間を楽しめるように，利用者層に合わせたサービス，つまり「カスタムサービス」を提供することが重要であるといわれている。しかし，韓国の公共図書館は長い間勉強部屋的な性格が強く，資料を利用するために来館する利用者より学習室そのものを利用しに来る来館者が多く，障害者，高齢者など情報弱者に対するサービスに関心が向くようになったのは2000年代に入ってからだといっても過言ではない[14]。

　表5-1は高齢者サービスについて触れた法規と政策についてまとめたものである。「韓国図書館基準─2003年版」では，地域住民がより多様で広範囲での資料や情報に接することができるように，利用者対象別に相応するサービスを提供すべきであると指摘している[15]。それまでは高齢者のためのサービス基準は設けられず，この基準で初めて「高齢者（当基準表記では老人）」に対して言及されたのである[16]。

　その後，図書館サービスの中で高齢者に対するサービスにより一層関心が強まるようになったきっかけは，2006年の「図書館法」の全面改正である[17]。この改正は，国家レベルの体系的な「図書館発展総合計画」を樹立する基盤を提供したともいわれる。改正により同法第8章'知識情報格差の解消'が新設されるとともに，第43条1項に知識情報格差の解消のための施設や資料，プログラムを設置・運営すべきであると規定された。また，同条3項には「障害者のほか大統領が定めた'知識情報弱者階層'（以下「知識情報弱

者階層」」に対する図書館サービスの強化が求められている。2007年に発効した「図書館施行令」第21条では，"大統領が定めた知識情報弱者階層" を1)「障礙人福祉法」による障礙人，2)「国民基礎生活保障法」による受給権者，3) 65歳以上の老人と定義している[18]。

さらに2009年の「図書館法」では，第8章の第44条3項「知識情報格差解消」の支援の項目に，国家および地方自治体は知識情報弱者階層が図書館資料を利用する場合，著作権者に払うべき補償金の全部または一部を補助すると改正した。これをもってソウル特別市では2009年ソウル特別市条例を改正し，ソウル特別市立図書館および生涯学習館で実施する生涯教育プログラムの受講者の中から満65歳以上の高齢者には受講料の免除を，60歳から64歳の場合には半額免除をする条項が新設され，多様な生涯学習講座を無料で受講することができるようになった。

また，大統領直属の機関である「図書館情報政策委員会」は2008年8月に，国家レベルの図書館振興のビジョンと戦略を示す第1次「図書館発展総合計画2009〜2013」を発表した。2007年4月5日に施行された図書館法第14条で，図書館発展のために5年毎に策定・施行するものとされており，計画（案）は，第1章「概要」，第2章「過去の計画の成果と限界」，第3章「環境の変化と対応」，第4章「計画のビジョンおよび目標」，第5章「図書館の政策課題」，第6章「政策課題の推進日程および所管部署」からなる[19]。第5章「図書館の政策課題」でこれらのビジョン・目標を推進すべく，現状の分析をもとに8つの戦略を紹介している。第5章の第3条に「知識情報格差の解消による社会統合への寄与」を取

第5章　政策が主導する高齢者サービスの向上

表5-1　高齢者サービス関連の法律と政策

年度	法律および政策	高齢者関連項目
2003	韓国図書館基準 （2003.12）	付録―すべての館種において**障礙人**，老人，妊婦等の利用者の便宜を図るため図書館施設基準に関する内容を整理
2006	図書館法 （2006.10.4 全面改正）	第8章　知識情報格差の解消 第43条　図書館の責務 ①図書館は，"情報格差解消に関する法律"第10条の規定に基づいて知識情報格差解消のための施設と知識情報格差の解消のためのデータ，プログラムをインストール・運営しなければならない。 ②図書館はすべての国民が身体・地域・経済・社会的条件に関係なく，公平な知識情報サービスの提供を受けるために必要なすべての措置を講じなければならない。 ③図書館は知識情報格差解消のための施設やサービスを提供している場合に，障礙人その他大統領令が定める知識情報社会的弱者（以下"知識情報社会的弱者"という。）のアクセスと利用便宜を促進することに全力を果たすべきである。 第44条　知識情報格差解消の支援 ①国家および地方自治団体は，知識情報社会的弱者が図書館施設とサービスを自由に利用できるように必要な施策を講じなければならない。 ②国および地方公共団体は，"情報格差解消に関する法律"第10条第2項および第3項の規定に基づいて，知識情報社会的弱者の知識情報アクセスと利用環境を改善するために図書館が資料，施設，情報機器およびソフトウェアなどを用意するのに必要な財政の一部を支援することができる。
2007	図書館法施行令 （2007.3.27 公布）	第21条　知識情報弱者階層の定義 図書館法第43条第3項の"大統領令で定める知識情報社会的弱者"とは，次の各号の者をいう。 1．「障礙人福祉法」による障礙人 2．「国民基礎生活保障法」による受給権者 3．65歳以上の老人
2009	図書館法 （2009.9.26 改正）	第8章　知識情報格差の解消 第44条　知識情報格差解消の支援 ③国家および地方自治団体は，知識情報社会的弱者が図書館の資料を利用する場合は，"著作権法"第31条第5項の規定により著作権者に支払わなければならない補償金について，予算の範囲内でその全部又は一部を補助することができる。

第2部　国内外の図書館における高齢者サービス

年度	法律および政策	高齢者関連項目
	図書館発展総合計画 (2009〜2013)	第5章　図書館政策課題 3.　知識情報格差解消 3.1　知識情報弱者階層のための図書館サービス拡大 3.1.4　高齢者のための図書館サービス提供 ■現状および診断 ○急速な高齢化による老齢人口の知識情報格差増加 －平均寿命の延伸による老人人口の増加，特に農漁村地域の高齢化は早く老人人口の比率も高い －人口住宅総調査（2005年）の結果では，首都圏および広域市を除く道地域の老人人口比率はすでに10％を超える。 ○公共図書館の老人人口情報格差解消と文化共有のためのプログラム運営が必要 －図書館の文化プログラム利用者層が子供，主婦，学生中心から一般人，老人，障礙人など多様な階層に拡大 －老人人口の経済文化活動の増加による老人対象情報文化プログラム需要増加 ■推進戦略 ○老人のための図書館サービスコンテンツ提供 －健康，運動，余暇，趣味教育など関心分野情報サービス拡大 －老人対象インターネットおよびE-book利用教育プログラム運営 ○高齢者のための施設および資料拡充 －老人人口のための情報相談サービス空間および読書文化情報空間設置運営 －老人用情報化機器配置および大活字図書提供 ・大韓出版文化協会に大活字図書制作，販売活性化要請 －老年層専門サービス担当司書配置 ○低視力老人層のための老人配慮型読書環境づくり －公共図書館読書拡大機設置誘導 －公共図書館拡大鏡および拡大鏡メガネ配置および無料レンタル
2010	図書館発展総合計画 (2009〜2013) 2次年度	Ⅲ.　知識情報格差の解消による社会統合に貢献 3.1.4　高齢者のための図書館サービス提供 1.　事業目的 ・超高齢化社会が到来することにより，増加する高齢者の品格のある老年生活のために余暇文化拡散のサポート ・お年寄りの文化享有権増大と社会の雰囲気の安定化組成 2.　事業内容（2009〜） －推進実績

第5章　政策が主導する高齢者サービスの向上

年度	法律および政策	高齢者関連項目
		・大活字本購入・配布－20種22冊選定，7,360冊配布（2009） ―事業内容 ・読書活動推進のための大活字本図書購入および配布（25種，1,500冊） 3. 推進計画 ・大活字本購入・配布
2011	図書館発展総合計画 （2009～2013） 3次年度	Ⅲ．知識情報格差の解消による社会統合に貢献 3.1.4　高齢者のための図書館サービス提供 1. 事業目的 ・超高齢化社会が到来することにより，増加する高齢者の品格のある老年生活のために図書館サービス提供 ・お年寄りの文化享有権増大と社会の雰囲気の安定化組成 2. 事業内容（2009～） ―推進実績 ・大活字本購入・配布－15種16冊選定，4,336冊配布（2010） ―事業内容 ・お年寄りの読書活動推進のための大活字本配布および文化プログラム網構築 3. 推進計画 ・お年寄り対象の図書館文化プログラムの現状調査 ―「情報格差解消のための図書館の情報弱者階層サービスにおける拡大戦略開発研究」報告書 ・図書館で進行できるお年寄り対象の文化プログラムと進行者人材プールを構築
2012	図書館発展総合計画 （2009～2013） 2012年度施行計画	Ⅲ．知識情報格差の解消による社会統合に貢献 3.1.4　高齢者のための図書館サービス提供 1. 事業目的 ・超高齢化社会が到来することにより，増加する高齢者の品格のある老年生活のために図書館サービス提供 ・お年寄りの文化享有権増大と社会の雰囲気の安定化組成 2. 事業内容（2009～） ―推進実績 ・大活字本購入・配布－21種22冊選定，6,600冊配布（2011） ―事業内容 ・お年寄りの読書活動推進のための大活字本配布および文化プログラム進行者DB構築 3. 推進計画 ・図書館で進行できるお年寄り対象の文化プログラムおよび進行者DB構築

り上げ，高齢化社会に対応するための現状把握と推進計画をもとに高齢者サービスについて具体的に明示している[20]。

　2009年度は計画が発表された初年度でもあって，高齢者のための図書館サービスコンテンツ提供，高齢者のための施設および資料拡充，低視力老人層のための老人配慮型読書環境づくりなどの3つの事業内容が発表された。主に高齢者がより簡単に本に接することができるように「お年寄りのための大活字本の普及」に寄与することを目的とし，推進実績として2009年から2011年までの統計を毎年取っている。

　2011年には高齢者を対象とする図書館文化プログラムの現状調査が実施され「情報格差解消のための図書館の情報弱者階層サービスにおける拡大戦略開発研究」[21] 報告書としてまとめられている。この報告書では，知識情報弱者階層に対する図書館福祉サービスの拡充方案を再整備するために国内外事例および実態調査が行われている。2012年には高齢者の読書活動推進のための大活字本配布および文化プログラム進行者データベース構築を施行計画としている。

　このように，高齢者を対象にする図書館サービス政策は2006年の図書館法の「知識情報弱者階層」に対する図書館政策の改正により始まっている。

　図書館法の改正以前にも高齢者サービスを提供している公共図書館はあったものの，その動きは積極的ではなかったといえる。高齢者が読みやすい大活字本の普及はそれまでほとんど行ってこなかったが，「図書館発展総合計画（2009～2013）」で初めて普及を奨励している。図書館政策の事業目標として2009年から高齢者のための

サービスとして，まず大活字本図書の制作や配布を目標とし，文化主体である高齢者の文化体験と参加を拡大するために，"お年寄りの文化学校"，"お年寄りの文化サークル"など，高齢者のための文化プログラムを支援する文化福祉政策が発表されるなど，図書館界でも高齢者を対象とするサービス内容が見直されている。

3　公共図書館における高齢者のためのサービス

「図書館発展総合計画（2009～2013）」の 2012 年度施行計画[22]では，全国の公共図書館が実施している高齢者のための図書館サービスについて事業計画や推進計画を明示している。ソウル市を始め 8 つの広域自治団体（釜山，大邱，光州，大田，蔚山，忠清北道，忠清南道，全羅北道）が高齢者サービスのために立てた予算額は 5 億 1,700 万ウォンで，知識情報弱者階層のためのサービスの全体予算に占める割合は 16.7％である。この中でソウル市が全体の 63.6％をも占めており，もっとも多様なサービスを推進している。次に高齢者関連サービスに予算を配分している自治体は釜山市で，予算のすべてを文化プログラム運営に当てている。その他の広域自治団体の予算はそれほど多いとはいえない。

一方，京畿道，江原道などは高齢者のための図書館サービスに別途の予算は立てていない。しかし，知識情報弱者階層のための全体予算として立てられたり，広域自治団体レベルでの計画はないものの図書館毎に何らかの形で高齢者へのサービスを提供している図書館も多い。表5-2では，高齢者のための事業内容について明記している広域自治団体をいくつか取り上げて紹介する。

第2部　国内外の図書館における高齢者サービス

表5-2　高齢者のための図書館サービス内容

地　名	事業内容
ソウル市	・疎外階層生涯学習プログラム受講料減免 －ソウル市教育庁傘下の公共図書館および生涯学習有料講座の受講料減免（21館） －60～64歳は受講料50％減免，65歳以上は100％減免 ・クンビッ（金色）生涯学習奉仕団運営[23] －退職人力（教員，公務員，専門家）の人的資源発掘を通じた地域社会奉仕活動提供 ・老人関連特化資料収集（鍾路図書館）
釜山広域市	・老人カスタム生涯教育プログラム運営 －老人対象読書プログラム支援，お年寄り対象コンピュータ教育実施 ・老人読書大学運営 ・老人に優しい読書環境づくり －お年寄り案内ボランティア配置,シルバー資料拡充（大活字本）,閲覧便宜施設設置（読書拡大機，コンピュータ，TV，ビデオデッキなど）
大邱広域市	・老人読書大学運営 ・コンテンツ拡充およびシルバー生涯学習プログラム開発 －お年寄りハングル教室運営，地元文化遺跡探訪プログラム，高齢者用図書貸出サービス，お年寄り対象訪問図書館運営 ・老人に優しい読書環境空間助成－大活字本資料拡充
仁川広域市	・高齢者の関心分野に対する情報資料の拡充および提供 ・館内シルバーゾーン運営－バスや地下鉄のように優先席を設け，快適で座り心地のよいイスを提供 ・拡大読書機，拡大鏡など高齢者に優しい環境づくり ・高齢者のためのシルバー講座プログラム運営 ：お年寄りコンピュータ教室，情報教育プログラム（年中），お年寄りのための基礎生活英語会話など教育・文化プログラム（上・下半期）
光州広域市	・高齢者のための施設および資料拡充 －総合資料室内老人のための'お年寄りコーナー'設置運営,健康，趣味，その他分野大活字本図書配置 ・老人専用コーナー運営－館内シルバーゾーン指定，サイバー「Cyber Silver Zone2[24]」運営 ・老人生涯学習プログラム運営－ハングル教室，インターネット教室 ・訪問オンビッ（銀色）童話口演教室運営[25]
大田広域市	・ハングル教室およびお年寄り大学，老人読書会運営
蔚山広域市	・老人対象無料宅配サービス実施

第5章　政策が主導する高齢者サービスの向上

地　名	事業内容
忠清北道	・大活字本購入および文化プログラム運営 ・お年寄り専用の図書館開館 ・ブックフィニッシュ（Book Finish）運動
忠清南道	－大活字本図書制作，お年寄り新聞制作など ・高齢者を対象に訪ねる生涯教育プログラム運営 ・ハングル教育プログラム運営
全羅北道	・お年寄り自分史講座運営－作文の基礎，執筆法などの理論教育 ・ハングル未習得の老人のための童話朗読サービス実施 ・初心者のためのコンピュータ講座運営

（대통령소속도서관정보정책위원회（2012）『도서관발전종합계획（2009～2013）2012년도 시행계획』대통령 소속 도서관정보정책위원회, 1404p, 筆者再構成）

　高齢者のための図書館サービスは複数の広域自治団体で提供されているが，予算配分によりその規模や内容は様々である。特にソウル市と釜山広域市を除いた地域では，少ない予算によりサービス期間や内容も単発性のものが多く，サービス提供を維持していくのが難しいところもあり，国レベルでの指針やマニュアルがないためサービス内容にばらつきがみられる。しかしなかには，文化体育観光部主管の「全国図書館運営評価」から図書館サービスや文化プログラムの拡大運営の評価が高いということで文化体育観光部長官の表彰機関として選定された図書館もある。以下ではそういった特徴をもつ図書館のプログラムの詳細を紹介したいと思う。

4　図書館で取り入れられている高齢者のための文化プログラム

　堤川市立図書館（忠清北道所在）は2008年に「冊勢圏堤川」を宣言した。冊勢圏堤川とは，直訳すると本を読む勢いが溢れる地域という意味で，地域の図書館や資料を拡大し，多様な読書文化プログ

ラムを運営することで,堤川市民であれば,いつでもどこでも時間と場所を問わず,図書館を利用してもらえる運動である[26]。これを機に高齢者のための図書館サービスとして「ブックフィニッシュ運動」が創案されている。「ブックフィニッシュ（Book Finish）運動」とは,「ブックスタート（Book Start）運動」と対比される言葉として,ブックスタート運動が生まれてすぐの乳幼児に本との出会いをつくる運動ならば,ブックフィニッシュ運動は,一生懸命に生きてきた自分の人生を振り返る高齢者のための読書環境づくり運動である[27]。「大活字本制作および普及事業」はブックフィニッシュ運動を代表するサービスでもあり,その他"老人用大活字新聞制作","追憶の邦画・ドラマ上映会","敬老堂訪問サービス[28]","録音図書制作[29]"など高齢者の読書環境改善のためのサービスを推進している[30]。この中で,「大活字本制作および普及」は政府機関（文化体育観光部）より先に行った事業として全国的に波及する成果をあげている。2011年には分館として高齢者専用の図書館「セソル老人図書館」が開館され,こうした多様な図書館サービスを提供してきたことが評価され,2009年「全国図書館運営評価」において文化体育観光部長官賞を,2011年には国務総理賞を受賞している。

　東豆川市立図書館（京畿道所在）は2008年3月から「老年期に見つけた小さな幸せ」プログラムを運営している。65歳以上の高齢者のための教育型雇用創出事業の一環として,当市立図書館がシルバー人材バンクと連携を組んで行うものである。このプログラムの参加者は,専門のブックシッター（Book-Sitter）による講座を受講する。講座は,毎週2回2時間ずつ3ヵ月間,ブックシッターとし

ての心構えから昔話，絵本の理解，哲学童話まで多様なテーマの絵本を素材とした内容となっている。この研修を履修した後に，2人一組になって週に2ヵ所の保育園，老人保護施設，障害者センターなど地域の福祉施設を直接訪ね，絵本の読み聞かせを行うプログラムである[31]。実施当初は難しい点もあったが，やりがいを感じる仕事として参加したお年寄りからの人気もあり，訪問を受け入れた機関からも反響を呼んでいる。高齢者階層を活用した図書館活性化にも繋がる優秀事例としてマスメディアにも取り上げられるなど全国に紹介され，他の多くの機関からベンチマークモデルにもなっている。

　他にも多くの図書館が高齢者サービスやプログラムを提供している。ソウル市立図書館のうち蘆原区立図書館，陽川図書館，鍾路図書館の3館では，「死を迎える準備」というテーマの教育プログラムも開催している。このプログラムでは，人間関係学習，生活エチケット，老年の性，人生の仕上げ，遺影写真準備，私の人生の足跡，などの順にプログラムを運営している[32]。また，多くの図書館は拡大読書機の配置や大活字本の普及，来館が不自由な高齢者のために図書館から出向くアウトリーチサービス，館内における高齢者のためのコーナー運営など，高齢者と本の距離感をなくすための読書環境づくりに力を入れている。その他，ハングルの読み書きができない高齢者のためにハングル教室講座を開いたり，高齢者向けコンピュータ教室を開催したり教育プログラムや文化プログラムを運営しているなど，多様でかつ地域の現状を考慮しながらそれに合うサービスを提供している。

5 おわりに

　本章では，韓国において高齢化が急激に進んでいくなか，図書館がどのような高齢者サービスを行っているのかを，主として図書館政策と広域地方団体で実施している高齢者を対象としたプログラムに焦点をあてて概観したものである。

　韓国では，1981年「老人福祉法」の制定後，敬老堂や老人福祉館など老人向け施設を中心に，高齢者の福祉増進に必要なサービスが行われてきたといえる。公共図書館における高齢者サービスについて初めて言及されたのは2003年に発表された「韓国図書館基準」においてであり，他のサービスに比べていかに遅れをとっているかを物語っている。実際，図書館界では2006年の「図書館法」の全面改正に伴い，初めて'知識情報格差の解消'の条項が設けられ，知識情報弱者階層を対象とする図書館サービスが具体的な改善を見せ始めたのはこれ以降のことである。この知識情報弱者階層には障害者をはじめ，経済的・社会的弱者層にあたる高齢者が含まれている。

　高齢人口の急速な増加に伴い，このように情報の面でも弱者になりやすい高齢者の余暇時間の活用について社会全体が関心を持ち始めてきたなか，ノ・ムヒョン政権末期の2008年には大統領直属の機関である「図書館情報政策委員会」が発足した。その図書館政策においては，高齢者のための図書館サービスについての事業計画や推進計画が明示され，図書館界全体が高齢者サービスについて見直すきっかけとなったといえよう。実際に，ソウル市をはじめいくつかの広域自治団体の公共図書館では，今まで図書館サービスの主た

第 5 章　政策が主導する高齢者サービスの向上

る対象とは見なされてこなかった高齢者に対して，あらたに読書環境作りや文化教室などのプログラムを開発し提供している。

　韓国における高齢者に対する図書館サービスは始まったばかりであり，今後，高齢者の視点からみた図書館サービスの提供も十分に考えられ，これからの動向にも注目したい。

注）
1) 통계청『2011 년고령자통계보도자료』2011. (http://kostat.go.kr)
2) 苅込俊二「東アジアにおける高齢化の進展と政策的対応の課題」『みずほ総研論集』(通号 20) 2008 (4), pp. 37-68
3) 『朝鮮日報』2011. 5. 31. (http://biz.chosun.com/site/data/html_dir/2011/05/ 31/2011053100174.html)
4) 조우홍「노인복지시설의 활성화 방안에 관한 연구 A Study on the Activation of Senior Welfare Facilities」한국컴퓨터정보학회 논문집, 제 13 권 제 7 호 통권 제 57 호, 2008 (12) pp.231-237
5) 韓国社会で，主に低所得高齢者層の社会参加, 生活充実, 健康増進などのための地域資源として機能しているのが高齢者施策「敬老堂」である。参照：斎藤嘉孝・近藤克則・平井寛他「韓国における高齢者向け地域福祉施策―『敬老堂』からの示唆」海外社会保障研究 (159), 2007, pp.76-84
6) 노인복지법제 36 조(http://www.kascw.org/web/text/default/text_list.asp?menu_id=76293)
7) ここでいう疎外階層とは，文化的体験と参加の機会が不足している低所得者層だけでなく，文化インフラが貧困な農村・漁村，それらにアクセス性が脆弱な障害者や高齢者，そして社会的障壁がある多文化家庭と福祉施設など幅広い"文化疎外階層"を対象とする。
8) 문화부「소외계층의 문화복지 지원에 적극 나선다」공감코리아 대한민국 정책포털 2012.03.29. (http://www2.korea.kr/newsWeb/index.jsp)
9) 韓国では「障害者」より「障礙人」の方が多く用いられているが，ここでは引用部分以外は「障害者」として統一して記する。
10) 疎外階層の文化享有拡大支援方案をはじめ，韓国図書館基準, 図書館法では「老人」として表記されているが，ここでは引用部分以外は「高齢者」として

第 2 部　国内外の図書館における高齢者サービス

統一し,引用部分には必要に応じ「老人」「お年寄り」を用いる。
11) 이정연「정보소외계층을 위한 도서관의 문화복지 정책에 관한 연구 A Study on the Social Welfare Library Policy for the Information Alienated Groups」한국비블리아 제 22 권 제 2 호, 2011 (6), pp.27-39
12) 文化体育観光部 (http://www.mcst.go.kr/usr/context/dataCourt/mctNewsView.jsp?pSeq=1949)
13) 韓国の図書館法の変遷については次の文献を参照。金 智鉉「韓国の図書館法—歴史的歩みと課題」『京都大学生涯教育学・図書館情報学研究』No.7, 2008.3, pp.83-91
14) 高齢者に対するサービスの充実についての論文には以下のようなものがある。
　　林孝珍『公共圖書館의 地域老人福祉 서비스 增進에 관한 연구 : 서울특별시 市立圖書館의 役割을 중심으로』석사학위논문, 東國大行政大學院, 1997 (2), 71p.
　　이진영「공공도서관의 노인 복지 봉사를 위한 연구」도서관학논집, No.27, 1998 (1), pp.245-269
　　성미란「공공도서관 서비스 개선을 위한 이용자연구」『図書館研究』第 18 号, 2001, pp.107-121
　　김선호「공공도서관의 노인 서비스 정책에 관한 연구 The Study on the Policies for Library Service to Older Persons」한국도서관정보학회지 제 33 권, 제 4 호, 2002 (12), pp.101-123
　　박옥화「공공도서관 고령 이용자에 대한 연구-대전지역 공공도서관을 중심으로 -A Study on the Elderly of Public Libraries in Daejeon Metropolitan City」한국도서관정보학회지 제 38 권, 제 1 호, 2007 (3), pp.375-396
　　유현주『공공도서관이 노인복지 서비스에 미치는 영향』충북대학교 행정대학원, 석사학위논문, 2007, 74p.
　　송지인『공공도서관에서의 노인 이용자서비스 방안에 관한 연구-서울시 구/공립 도서관을 대상으로』한양대학교 교육대학원,석사학위논문, 2008, 64p.
　　高齢者を対象とした教育プログラムについての研究には以下のようなものがある。
　　정문택『고령화사회에 있어서 공공도서관의 노인대상 Program 개발에 관한 연구 : 안양시를 중심으로』성결대 사회개발대학원, 석사학위논문, 2000. 8. 95p.
　　고경희『공공도서관의 노인 프로그램 개발에 관한 연구:울산광역시 공공도서관을 중심으로』울산대교육대학원, 석사학위논문, 2002, 96p.
　　　박순덕『노인교육프로그램설치에 관한 조사연구:화순공공도서관을 중심으로』동신대교육대학원, 석사학위논문, 2002.8, 97p.
　　　진주헌『공공도서관 노인 봉사 프로그램의 인식에 관한 조사 연구-A Study on the understanding about service program for senior in public library』전북대학교대학원,석사학위논문, 2005,126p.
　　　김영신「공공도서관 노령자서비스에 대한 잠재이용자 인식 연구-대전지역 노인복지관이용자를 중심으로-」한국문헌정보학회지, 제 41 권제 2 호, 2007.6, pp.55-79
　　　이진경『공공도서관 노인교육 프로그램의 참여배경과 만족도 조사 분석 : 인천지역을 중심으로- Participation background and satisfactory investigation analysis of public library old person educational program-』한국교원대학교, 석사학위논문, 2007, 87p.
15）韓国図書館基準は 1981 年に制定され，2003 年，2010 年に改正を行っている。
16）신왕균『지역사회 공공도서관의 노인복지 프로그램 활성화 방안 연구 :여가프로그램을 중심으로』한일장신대학교, 석사학위논문, 2010, 66p.
17）도서관법. 전부개정. 2006.10.4.（http://likms.assembly.go.kr/law/jsp/law/Law.jsp?WORK_TYPE=LAW_BON&LAW_ID=A0742& PROM_DT=20061004&PROM_NO=08029）
18）도서관법시행령. 전부개정. 2007.3.27.（http://likms.assembly.go.kr/law/jsp/law/Law.jsp?WORK_TYPE=LAW_BON&LAW_ID=B1331&PROM_DT=20070327&PROM_NO=19963）
19）国立国会図書館『カレントアウェアネス-E』通号 No.121-141:E739-874, No.129, 2008.6.11（http://current.ndl.go.jp/e797）
20）대통령소속도서관정보정책위원회『도서관발전종합계획（2009～2013）2012 년도 시행계획』대통령 소속 도서관정보정책위원회, 2012, 1404p.
21）국립중앙도서관 도서관연구소『정보격차해소를 위한 도서관의 정보취약계층서비스 확대전략개발연구』문화체육관광부, 2011, 212p.
22）대통령소속도서관정보정책위원회『도서관발전종합계획（2009～2013）2012 년도 시행계획』대통령 소속 도서관정보정책위원회, 2012, 1404p.
23）直訳すると「金色平生敎育奉仕團」。
24）図書館ホームページに高齢者向けの情報欄を設け高齢者関連の情報の収集・提供を行っている。

第 2 部　国内外の図書館における高齢者サービス

25) 60 歳以上の高齢者 45 名が一定期間の研修の後，保育園や幼稚園を週 1 回訪問しお話会を披露する高齢者雇用事業プログラムの一環である。
26) 충북인 inNEWS, 2008.4.23.（http://www.cbinews.co.kr/news/articleView.html?idxno=45040#）
27) 김기태「노인의 삶의 질을 향상하는 공공도서관 서비스 방안」국회도서관보,제 47 권 제 7 호 통권 373 호, 2010.8, pp.14-21
28) 図書館側から敬老堂に出向いて新聞朗読や映画およびドラマの上映会を行う。
29) 本来視覚障害者のためのものであるが，本を読めない高齢者のためにも有用であると判断し，高齢者が好む内容の本を対象に録音図書を制作・配布している。
30) 김흥래「노인층 독서증진방안연구──『Book Finish』운동 창안을 중심으로」도서관, Vol.64, No.2, 2009（12）, pp.57-83
31) 지영순「도서관 현장 발전 우수사례 그림책읽기로 도서관 서비스의 새로운 길 찾기-노년에 찾은 작은 행복 운영 사례-」도서관연구소 웹진, Vol.69, 2011（1）, pp.1-20
32) 이명희, 김미초「공공도서관에서 제공하는 노인대상 교육프로그램에 관한 연구 :노인종합복지관과 비교하여　A Study on the Services of Senior Programs in Public Libraries: Compared with the Senior Programs in Senior Welfare Centers」한국비블리아, 제 21 권 제 3 호, 2010（9）, pp.91-107

第6章

暮らしの中にある図書館とは
秋田県の図書館の高齢者サービス

1 高齢化の進展

　秋田県の人口は2010（平成22）年10月1日の国勢調査によると108万5,997人[1]，1993（平成5）年から死亡数が出生数を上回る「自然減」となり，1995（平成7）年からは転出者が転入者を上回る「社会減」も加え，近年は毎年1万人減少している状況にある。日本全体と比べ約10年先行して高齢化が進展しているとされている秋田県の姿は，10年後の日本の社会を示すと目されている。

　秋田県の高齢化率（総人口に占める65歳以上の高齢者の割合）は全体の29.6％である。加えて60歳から64歳が8.6％，55歳から59歳が8.2％，15歳から54歳までの人口比は42.2％，15歳未満は11.4％である。秋田県の平均年齢は49.3歳，2005（平成17）年の前回調査の47.1歳から確実に高齢化が進んでいる[2]。秋田県の高齢化は今後加速することが予想され，10～20年後の人口構成は65歳以上の層が半数となることが懸念されている（図6-1参照）。

図6-1　秋田県の高齢化率の推移

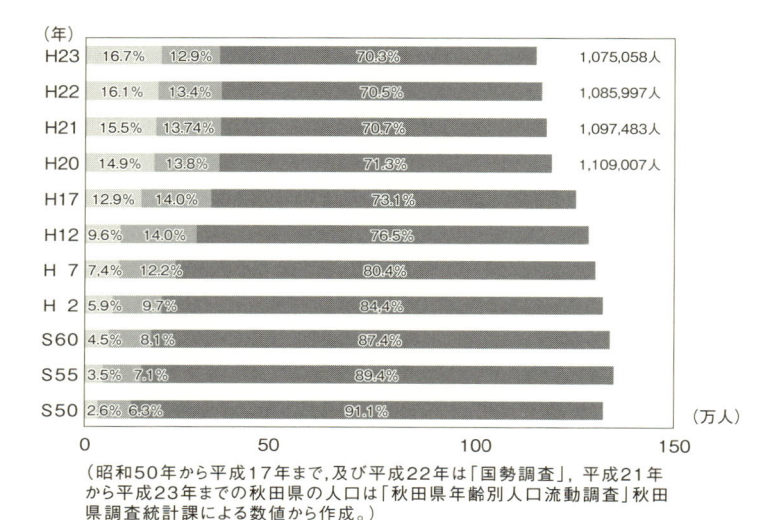

（昭和50年から平成17年まで、及び平成22年は「国勢調査」、平成21年から平成23年までの秋田県の人口は「秋田県年齢別人口流動調査」秋田県調査統計課による数値から作成。）

- 秋田県の人口75歳以上
- 秋田県の人口75歳以上65-75歳
- 秋田県の人口75歳以上65歳以下

2　限界集落と高齢社会

　高齢化社会と社会基盤の観点で地方を語る際，共同体として生きてゆくための限界に近い状況の集落を「限界集落」[3]と語られることも多くなってきている。都市山間を問わず家が集まっている地域を集落として捉えると，秋田県内には4,359集落が存在し，総人口中65歳以上の人口が5割を越える限界集落[4]に該当する集落は，2005年の国勢調査の町丁・字別年齢構成人口によると145集落，県内29市町村のうち，19市町村に及ぶ。過疎地のイメージが伴う限界集落だが[5]，県庁所在地である秋田市でも48集落が該当とな

第 6 章　暮らしの中にある図書館とは

っている。

　また，2011（平成 23）年 7 月 1 日現在，県内の総世帯 39 万 9,427 世帯中で，65 歳以上の高齢者だけの世帯数は 9 万 787 世帯，そのうち独居世帯数は 4 万 8,872 世帯（＝人）である。施設サービス利用者の数は 9,669 人から 1 万 988 人と微増な一方，居宅サービス利用者数は 2000（平成 12）年の 1 万 6,278 人から 2008（平成 20）年の 3 万 2,851 人と 2 倍に増えている[6]。介護補助を受けながら，それまでの暮らしを持続させている住民の層が確実に増えている。秋田市では，2011 年 7 月 1 日付け高齢者だけの世帯は 3 万 2,152 世帯，秋田市全体の世帯数の 23.8％に相当する。秋田県全体の高齢者だけの世帯割合が 22.7％で，市部と郡部による違いはあまりない。限界集落，独居世帯の可能性は山間部，都市部を問わず存在している。高齢者たちは，数々の不安を抱えながらもこれまでの自分たちの暮らしを続けていたいという希望が強い。それは山間部，農村部，都市部を問わない共通の傾向である。これまでの生き方を大切にしたいという意思の表れと受け取ることができる（表 6 - 1 参照）。

表 6-1　秋田県の高齢者世帯数・世帯割合（市郡別）

（平成 23 年 7 月 1 日現在）

	総世帯数	65 歳以上のみ		内　一人世帯				内　二人以上世帯	
		世帯数	全体比	男（＝人）	女（＝人）	総（＝人）	割合	世帯数	割合
県計	399,427	90,787	22.7％	11,300	37,572	48,872	12.2％	41,915	10.5％
市計	364,211	82,955	22.8％	10,208	34,532	44,740	12.3％	38,215	10.5％
郡計	35,216	7,832	22.2％	1,092	3,040	4,132	11.7％	3,700	10.5％

（秋田県「平成 23 年度老人月間関係資料」2011 より）

3 読書活動と政策としての「秋田県読書活動推進基本計画」

　秋田県では2010(平成22)年度から4年間の県政運営指針として「ふるさと秋田元気創造プラン」を策定した。人口減少と少子高齢化を重要な課題目標とする高齢社会に対応した"安心医療秋田"、"協働社会秋田"をつくるとし、県民、NPO、市町村、企業、ボランティアなど多様な主体と連携した老若男女すべての「県民パワーの結集」を謳っている。ここで着目すべきものに、読書活動を、各分野に共通する基本的な活動として捉え、読書に親しめる環境整備を行い、県民一人ひとりが、読書活動に対する認識を深め主体的に取り組むことを推進するとし、これまで秋田県教育委員会が中心であった読書活動振興を、県全体の政策として秋田県企画振興部総合政策課県民読書推進班を設置し、「秋田県読書活動推進基本計画」を策定している。

　2010(平成22)年4月施行の「秋田県民の読書活動の推進に関する条例」に続き、2011(平成23)年度からの5か年計画として策定された「秋田県読書活動推進基本計画」には、「子どもに夢を与え、県民が人生を豊かに生きるための読書活動推進」が付され[7]、対象は子どもだけでなく全世代としていることがわかる。これまでも読書については、県教育委員会が2012(平成24)年度から5年間の「県民の読書活動推進計画」、文部科学省の2007(平成19)年度からの「新学校図書館図書整備5か年計画」にならった2008(平成20)年度から2012(平成24)年度までの「第二次県民の読書活動推進計画」を策定しているが、秋田県読書活動推進基本計画は、教育

第6章　暮らしの中にある図書館とは

4　県民意識調査からみる高齢者と読書

　秋田県が毎年実施公表している「県民意識調査」には、質問自体に施策側である県の問題意識が反映するといえるが、2010（平成22）年11月から調査項目に「読書活動について」の項が登場する[8]。年代別にみると「30分～1時間」は50代（47.2%）で最も高くなっている。「1時間～2時間」は70歳以上（28.2%）、「30分未満」は30代（45.9%）で最も高くなっており、若年層の時間が少ないこと、年代が上がるにしたがって読む平均時間が長くなっていることがわかる。高齢者にとって読書のニーズは他世代より高いといえる。

　また、2009（平成21）年度までの意識調査にあった「自由時間の過ごし方」は、上位5つの行動をあげるものだが、その中で「新聞、読書」を上位にあげているのは、職業別では無職（29.4%）、年代別では70歳以上（32.0%）である。「家族とのふれあい」は全体で3位だが、70歳以上では5位以内に入っていない。逆に全体で13位の「新聞、読書」が5位となっている。高齢者は無職が多く、独居世帯が多いことから、相関性が高いといえよう。

　2010（平成22）年度調査の県民意識調査では、「読書活動をさかんにするためには、当面、県は何を優先して実施したらよいか」という質問[9]に、「本を貸し借りしやすいように図書館等の利便性を向上させる」（36.8%）が最も高く、「学校や家庭、団体・企業等への啓発活動を充実させる」（25.6%）、「活動団体の支援や、読書環境づくりを進める」（14.1%）、「読書の日を制定するなどの運動を展開する」

105

第 2 部　国内外の図書館における高齢者サービス

(13.2%）という回答があった。

5　図書館現場における高齢者サービスの現状

　全国に先駆けて明治時代には巡回文庫を実施していた歴史をもつ秋田県の公共図書館には，百年以上の長い歴史をもつ館がいくつかある。現在 80 代以上の世代は，自己研鑽を重ねる人たちが専門性の高い資料を求めていた戦前の図書館を見知っている。秋田県の生涯学習は昭和 40 年代から行われ，図書館はその活動に欠かせない，生涯学習の拠点として存在してきた経緯がある。近年の秋田県の子どもたちの学力の高さは，地域の学習力を支えてきた生涯学習の成果であるとみる向きもある。

　秋田県教育委員会が策定した「第二次県民の読書活動推進計画」[10] 8 頁には，「県立図書館における読書活動の推進策として「高齢者コーナーの充実や高齢者が関心をもつセミナーの開催を通して，高齢者が読書に親しむための環境づくり」があげられている。では，高齢者のためのよい環境とは何だろうか。

　高齢者の特質を考えてみると，豊かな経験をもち一人ひとりが異なる人生を経てきた人間である。その多くは健常で自らの時間を自らで選択している。反面，健康面に不安を抱えたり，独居暮らしへの危惧も高い。彼らが利用しやすい環境が一定ではないことは図書館も知っておくべきであろう。ところで，図書館が多様な条件をもつ利用者の状況にあわせて提供してきた活動に，障害者サービスがある。新聞や読み物についての情報に関わる提供だが，その相手や方法は個別で多様である。図書館員が直接ではなくとも，朗読サービス，宅配サービスなど，ボランティアを通し長期にわたり行って

6 ボランティアによるサービス

　対面朗読，電話サービス活動，宅配サービスを行っている公共図書館ボランティア活動について聞き取り調査してみたところ，高齢の図書館サービス利用者は，身体が不自由な人との相関性が高かった。県内の活動グループすべてではないが，2011（平成 23）年時の実情を直接確認できたところを紹介する。

▷　**湯沢市立図書館宅配ボランティア**

利用登録者：11 名，来館できない人を条件にサービス。

ボランティア登録：6 名。

活動日：毎月第 2，第 4 火曜。

利用者の障害と高齢化状況：全員障害がある高齢者。

活動内容：個人宅 3 軒に月 2 回，ケアハウスにはケアマネージャーを通じて利用提供，利用者の好みを把握，希望に添うように選定した本を届けることもある。貸出冊数は年間で 311 冊。

▷　**秋田市立土崎図書館　朗読ボランティアかもめ**

主な利用者：4 名。　ボランティア：8 名。

活動日：毎週火・木曜日。

利用者の障害と高齢化状況：全員障害がある。50 代が 1 名，他は高齢である。

活動内容：目の不自由な人への対面朗読サービス，電話サービス。多くはないが来館者もある。介護老人保険施設での朗読も実施。

第 2 部　国内外の図書館における高齢者サービス

▷　**秋田県立図書館ボランティア　ラップルの会**

主な利用者：13名。　ボランティア：8名。60代中心。

活動日：毎月第 2，第 4 月曜。

利用者の障害と高齢化状況：共に該当。

活動内容：個人宅は 3 軒程，ケアハウス 10 軒ではケアマネージャーに渡してくるが，その場合はお好みで適当に選定した本を届けることが多い。

　いずれも百年以上の歴史をもつ図書館であり，ボランティアでサービスをする側，受ける側，双方に長い図書館利用歴がある。本を届ける側のボランティア活動歴は十年を越え，この活動が自らの生きがいともなっているという声もあり，正に共育となっている。

　「秋田市立中央図書館明徳館ボランティア　レモンの会」も，電話を活用した対面朗読サービスを行っているが，サービスの受け手が土崎図書館と重なっていた。利用者が 2 つの館を使いこなしていたのである。サービスの存在を知ることが即利用に繋がるのではなく，利用する側の積極性が要ること，活用する術を知ることでさらなる活用を進め，自分の要求にあわせサービスを選択し，使い分けていく積極性を示す事例といえるだろうか。レモンの会では現在，障害者に限らず一般の高齢者にもサービスを提供することを検討しているという。これからの高齢者向けサービスの広がりを覗わせる。

　ケアハウス居住者など，間にケアマネージャーが介在する場合，利用者の指定するジャンルの中，それまで直接やりとりしてきた経験から利用者の好みそうな数冊を推察して選び，渡していることが

多いという。相手の事情にあわせ個別な要求に応えるサービスである。ケアハウスや自宅への配達サービス利用は，自分が本を選ぶというのではなく他者による選択という受動的な読書である。選ぶという行為を省いた読書の楽しみ方であるが，利用者のために本を選ぶことにより，社会とのつながりが今もあるのだと，利用者に伝えられるという面もある。本を読む人のために届ける行為には，単にモノを届けるだけでない，社会との絆を感じさせる側面があることを述べておきたい。

7　来館高齢者へのサービス

　目や耳や体の動きに不自由さを感じる人たちが来館利用する姿は，日常的な光景である。車椅子や介護付きで来館，利用する人もいる。県内の図書館建築はバリア・フリーな施設として意識され整えられている[11]。多くの図書館では目に不自由を感じる人のために日常的に拡大鏡や老眼鏡や，大活字本が用意されている。普通の文字を見ることがつらくなっている人向けに作られた大活字本の存在は，利用者にとって新しい読書意欲の向上，図書館側にとっても利用者の一人ひとりの状況を知ることに繋げられ，それぞれに有効なきっかけになり得るのである。大活字本で知ったシリーズをきっかけに，普通の文字サイズで刊行されている同じシリーズ本を手にする高齢者の姿もあり，読む意欲を刺激する効果がみられる大活字本だが，一般の書籍より高額で，予算が限られた図書館ではこのような資料を用意することは難しい。秋田県立図書館では希望する公共図書館に，高齢者向けとして大活字本約40冊単位のセットを3ヵ月間貸出す図書館支援策を行っている。

これまで図書館が用意する講座は時間が昼間であることから比較的高齢な参加者が多く，高齢者向けに偏りがちという批判，反省も多かった。幅広い世代向けの用意は必要であるとしても，高齢者が人口の3割である現状を考えると，彼らが参加したい講座はまだ少ないという見方ができはしないだろうか。高齢者は一般に時間のゆとりがあると思われがちであるが，実は通院，介護で多忙な人も多い。高齢者の参加意欲をそそる講座の工夫という面では検討の余地と課題が残されている。

8　暮らしの中に図書館がある意味

　本格的な超高齢社会の到来に向けて，多くの高齢者たちが自立できるよう支援することの意義深さを考えると，来館利用者である高齢者への配慮はもちろん，地域に多くいる非来館高齢者に向けての意識が，図書館にはまだ不足しているといえる。ある程度年齢で発達段階を区切れる子どもと異なり，高齢者は各人各様の条件によって状況が異なるので，年齢だけで当てはめることは適していない。80代，90代で地域や社会で活躍している人たち，図書館を利用する人たちも多く見られるように，高齢化からくる衰えがあっても，道具や適切な補助を得ながら長期間自立して暮らす高齢者は多い。単なる保護の対象者としてだけでなく，自立した暮らしを営む人間として何らかの形で地域に関わりたいと，多くの高齢者が望んでいることは調査で明らかになっている[12]。

　図書館の高齢者サービスには障害者サービスと重なる要素が多いが，社会に生きるための保障であり，同時に社会全体の問題解決につながる可能性をもつといえよう。

第 6 章　暮らしの中にある図書館とは

　高齢化によって不便を感じることが多い高齢者が図書館に来て本や新聞を読む場合，人と接する場合，パーソナルで適切な補助が得られることでより使い易さを体感でき，日常生活の拠点としての信頼を獲得し，図書館を活用することにつながる。児童図書，一般図書，ヤング・アダルト図書があるのと同様，高齢者向けの図書も視野に入れておきたい。

　また，これからの図書館サービスは，情報機器を活用することが多くなるであろう。従来型の情報活用と同時に新しい情報機器に挑戦できる高齢者の養成も可能と考えられるが，単に利用を勧めるのではなく，彼ら一人ひとりが何をしたいか個別の要求に沿って用意する視点が必要であろう。新しいことに挑戦しようとするためにはエネルギーが必要であり，高齢者には相応の動機が大切なのである。

　かつて貸し館と否定的な評価の向きもあった「場の提供」サービスだが，運営次第では人と人との絆づくりや社会のためのコミュニティの拠点を提供し，地域の共同体機能を高めることに貢献できるとする見方もある。秋田県の場合，公民館や生涯学習センターなどでも高齢者向けの生涯学習活動が行われてきた。このような活動が，高齢者の QOL の保持に貢献することは明らかになっている[13]。

　地域社会における図書館には独居者のコミュニティ，社会参画の拠点となり得る可能性がある。ただ単に資料提供する場というだけでなく，ここでは人と人，人と書物，人と社会を結びつける手助けが必要である。来館できなくなった人にも，社会との繋がりとして本を届ける活動ができる。本を渡すという行為には，単に物理的な

111

ものだけではなく，人と人との絆も用件に入っている。

9　まとめ

　高齢化が進行している秋田県の現状だが，人口予測では10年後の日本全体にも通ずるとされている。高齢者の自立支援に図書館活用を掲げた行政の期待に応えることができるかは，図書館や司書たちの意識と能力にかかってくる。高齢者の長い経験と自負，多様な要望に適切に応えるためには，各図書館に高い専門知識をもち，ボランティアを含め，社会活動に関われる職員が必要だが，現状のままでは厳しいといわなければならない。深刻な自治体経営による予算削減もあって，応じる司書の数そのものが頭打ちにあるからである。しかし高齢化は大半の人に通ずる，避けて通れない課題である。この行政課題と向き合うことは，社会と図書館を繋げる機会と捉えるべきであろう。

　今回紹介した，高齢者を含む社会的弱者とされる人に読み聞かせや本を届ける秋田県内のボランティア・グループたちは，10年以上の活動実績があり，自然な流れで高齢者向けのサービスにもシフトしていた。公共図書館の存在意義や機能を考える時，これまで日常的に実施してきた弱者支援活動の中に，高齢者も含めた公共図書館サービスの根元があったことに気づかされる。住み慣れた環境にいたいと願いつつ，活発に動き回ることが困難，もしくは難しくなっていく人たちに，地域の図書館は何を提供できるのか。公共機関としての意義を問われているといえる。

　多くの公共図書館は，生涯の読書習慣を育む大事な活動として，乳幼児期や学童期，青（少）年期の読書活動に関わる支援を進め，

第6章　暮らしの中にある図書館とは

学校図書館や学校との連携を含めるなど，成長に合わせた読書支援を進めてきている。これからは逆のながれで，各ステージ，各人の状況に応じた支援サービスを，域内外の諸施設との連携を図りつつ用意する。それが，暮らしの中に図書館があるということ，といえるのではないだろうか。生涯の読書週間の保持を社会全体の課題とし，図書館を活用した高齢者サービスを用意することが急務とした認識は秋田県だけでなく全国に通ずる可能性をもつといえよう。こうして中小の公共図書館の新たな意義が出現するのである。

注）
1) 2010（平成22）年10月1日の国勢調査による数字。ここにある多くの資料作成時点では未確定であり，前回の平成17年国勢調査を基に秋田県調査統計課が毎月公表する「秋田県年齢別人口流動調査」によっている。「平成23年度老人月間関係資料」では，2011（平成23）年7月1日秋田県調査統計課による「秋田県の人口と世帯（月報）」の県人口，107万7,294人を使用している。
2) 秋田県の総人口1,085,997人のうち，65歳以上は320,450人，60～64歳は92,317人，55～59歳は88,939人，15～54歳は459,166人，15歳未満は124,795人である。「平成22年国勢調査　人口等基本集計結果（確定数）秋田県の概要」秋田県公式Webサイト「美の国あきたネット」(http://www.pref.akita.lg.jp/www/contents/1283472866414/files/22kokusei231209.pdf)
3) 秋田県は，学術用語として用いられている限界集落という言葉を「小規模高齢化集落」と改め，「少子高齢化・過疎化の進行により，集落のコミュニティー機能の低下等が見られ，集落戸数の減少等が危惧される集落」について，「高齢化等集落」と定義している。
4) 社会学者・大野晃が，高知大学人文学部教授時代の1991（平成3）年に最初に提唱した概念。65歳以上の高齢者が総人口の過半数を占める集落を「限界集落」，55歳以上の人口比率が50％を超えている，限界集落に次ぐ状態の集落を「準限界集落」と表現している。限界集落を超えた集落は「超限界集落」から「消滅集落」へと向かうとされるとした。この定義では，集落の定

第 2 部　国内外の図書館における高齢者サービス

　　　義や，年齢のみを目安にする問題があり使用については異論も多い。イメージとして捉えられる危険性はあり，定義を弁えたうえで使用するべきと考える。
5) 『秋田魁新報』2007（平成 19）年 5 月 22 日朝刊一面
6) 「第 4 期秋田県介護保険事業支援計画，第 5 期秋田県老人福祉計画」（秋田県健康福祉部長寿社会課，平成 21 年 3 月作成）内の数値による。
7) 平成 14 年度から 5 年間の「県民の読書活動推進計画」，文部科学省の平成 19 年度からの「新学校図書館図書整備 5 か年計画」にならった平成 20 年度から 24 年度までの「第二次県民の読書活動推進計画」を県教育委員会で策定しているが，これらを包摂するものと位置付けている。
8) 秋田県公式 Web サイト「美の国あきたネット」(http:// www.pref.akita.lg.jp/www/ contents/1287394865416/files/book.pdf)
9) この質問は平成 22 年度県民調査だけで行われ，23 年度は実施されていない。
10) 秋田県公式 Web サイト「美の国あきたネット」(http://www.pref.akita.lg.jp/www/contents/1221539674642/files/keikaku-Vol2.pdf)
11) ただし照明や音響については，施設に必須な基準など，十分な用意がされているとはいえない。予算の問題もあり，課題が残されている。
12) 「県民意識調査」では，社会参加する時間は高齢者層の方が多い。
13) 「地域高齢者は外出頻度が低いほど身体・心理・社会的側面での健康水準が低く，閉じこもり状態は高齢者の身体・心理・社会的機能に影響を与えることから，外出頻度の減少に伴う社会との交流や生活活動範囲の狭小化が心身機能と社会的低下に与える影響についてより重視していく必要がある。」（石川隆志他「秋田市在住の独居高齢者の生活リズムと生活実態―非独居高齢者との比較から」『秋田大学医学部保健学科紀要』第 14 巻第 2 号，pp.47-53, 2006）

第7章

地域図書館の高齢者サービスの模索
横浜市中図書館における高齢者向けお話会の事例

1 はじめに

　神奈川県横浜市中図書館では，2010（平成22）年度の貸出構成比で60歳以上の利用者による貸出が3割を超えた。日々，カウンターで，元気に来館される高齢者に接していると，図書館へ来館できない高齢者の存在が気になる。高齢社会に入り，近年，図書館の来館者も高齢者が増える傾向にあるため，高齢者へ向けたサービスの必要性は今後高まると予想される。高齢者に対して，地域の図書館ができることはないだろうか。その思いから，地域図書館ができる高齢者サービスのひとつとして，高齢者向け訪問お話会という考えに至った。

　横浜市の公共図書館では，児童向けのお話会は日常的に行われている。主催は司書によるもの，ボランティアによるもの，両者が協働で行うもの様々で，1ヵ月に2，3回行われている。しかし，高齢者向け，まして福祉施設に訪問をしてお話会を行うことは日常業務から程遠い。さらに図書館でいう「高齢者向けお話会」といえ

ば，図書館を会場として行うものがまず想起されるのではないだろうか。しかしながら，ここでは「図書館に来館できない，または足が遠のいている地域福祉施設にいる高齢者」を対象とした「高齢者向けお話会」の活動報告の事例を紹介することとする。また，図書館でのお話会は，「子どもと子どもの本を結び付ける方法」[1]のひとつとして，用いられている。それにならい，高齢者向けお話会は，高齢者と本を結び付ける方法のひとつであるとする。

本章では，一個人の司書として，横浜市中図書館での高齢者サービス，とりわけ中図書館で行っている高齢者向けお話会について私見と活動報告，そして課題を述べていきたい。

2　横浜市立図書館の高齢者サービスの現状

1　横浜市立図書館の高齢者サービスについて

横浜市では，図書館のサービス対象を児童と一般（大人）に大別し，「高齢者」という対象は明確に確立されていない。このため，高齢者を主対象としたサービスは行われていないのが現状であるが，今回，事例報告をするにあたり，高齢者対象にもなりうると判断した事業を下記に記しておきたい。

横浜市立図書館では，障害者サービスとして拡大図書の提供や視覚障害者向け郵送貸出，対面朗読サービスが行われている。このサービスの利用者は，高齢者も多く含む。それ以外の高齢者サービスに分類されるであろうものとして，企画展示・講座[2]と高齢者向けお話会が挙げられる。後者は後に詳述するとして，前者の企画展示・講座で近年行われたのは，たとえば，認知症に関する展示，講演である。関心の高い認知症について各区の福祉保健センターや社

会福祉士などと連携して,講演や展示を行い,地域住民の課題解決の一助を担った。高齢者向けの企画ではあるが,その家族や関心のある市民も対象であり,日ごろ市民の関心の高い課題が企画展示には反映される。そのため,企画事業の内容の移り変わりは世相や地域性を表しているともいえよう。また,2011（平成23）年度は行政書士などと連携して,遺言セミナーや相続,年金に関する企画展示・講演も多数みられた。一般を対象としながらも,結果的に高齢者層が対象となった企画展示が見受けられた。

2 高齢者向けお話会の意義

高齢者向けのお話会について詳述する前に,まずその必要性と意義について私見を述べておきたい。図書館が高齢者福祉施設でお話会を行う意義を3つの視点から述べる。

まず,図書館がわざわざ館外へ出てまでサービスする必要があるのか。この問いに対しては,そもそも公共図書館は地域市民のために存在し,来館が困難な市民に対してもサービスする意義は十分にあるはずだと公共図書館は答えうるであろう。すでに東京都墨田区の図書館では障害者・高齢者サービスの一環として出張お話会を行っている。その事例発表によれば,「高齢者施設では『本を読む』という,経験とエネルギーを求められる行為が困難なお年寄りが増えてきている。そうしたお年寄りに紙芝居や歌などで一時楽しんでもらうことは,読書と同等の体験をしていただいているのだと実感する」[3]とある。すなわち,出張お話会が高齢者と本をつなげる活動であることにほかならない。それは横浜市立図書館が目標としている地域と連携した読書活動の推進[4]にあてはまる。

また，お話会で物語や言葉を高齢者に伝えることを，「情報伝達」ととらえれば，お話会は，日常にはない情報を高齢者に提供することで，生活に新たな刺激を与える。とりわけ施設内で暮らしている高齢者にとっては，外部からボランティアが来ること自体がよい刺激となりうる。

　そして報告書「これからの図書館像」[5]でも提案されているように，高齢者サービスの充実により，図書館はその存在意義を確立しうるのである。

③　中図書館の高齢者向けお話会の位置付け

　横浜市中図書館（以下，中図書館）は，1989（平成元）年に横浜市中区に開館した。近年は特に司書やボランティアによる子ども向けのお話会[6]が積極的に行われている。新たに図書館が高齢者福祉施設向けにお話会を行うにあたり，その目的・目標を明確にする必要があった。横浜市立図書館全体では，時代のニーズに応える図書館運営を行うべく，横浜市立図書館アクションプラン[7]（以下，アクションプラン）を策定している。このアクションプランに基づき，各区にある図書館は各地域の独自性に配慮した独自のアクションプランを策定し館の方針としている。

　そこで中図書館では，2011（平成23）年度のアクションプランで掲げている「地域と連携した読書推進活動の充実」や「市民協働の推進」，「市民の学習活動・課題解決の支援」に該当する事業として，高齢者向けお話会を盛り込んだ。具体的取組の項目には，「図書館に来館しにくい高齢者のために，地域ケアプラザ[8]と連携して，大人（高齢者）向けのおはなし会を実施する」と掲げた。指標・目

標値は「地域ケアプラザでお話会を実施」とした。この目標を設定する以前から，高齢者福祉施設へのお話会は数回行っていたが，2011年度は初めて目標に盛り込み，図書館の仕事として取り組むことができた。

3　実際の活動

　訪問お話会の対象施設は，中図書館に近接する「本牧原地域ケアプラザ」と「グループホームつばき園」の2ヵ所である。横浜市中区には，熱心な活動を行うボランティア団体が多く，この訪問お話会も，積極的に地域でお話会の活動をされているボランティアの方からの紹介により図書館もともに参加するに至った。こうして，2011（平成23）年度は2つの施設を訪問することとなった。以下，各施設における実際のお話会について述べる。

1　「本牧原地域ケアプラザ」と「グループホームつばき園」

　横浜市には高齢者福祉施設として，地域ケアプラザが存在する。中区だけでも6ヵ所あり，福祉を支えている。そこでは多様なボランティアが活動しており，おはなしボランティアもそのひとつである。

　中図書館から徒歩5分の位置にある「本牧原地域ケアプラザ」（以下，ケアプラザ）は，2011年度に計7回訪問させていただいた。当初は訪問の曜日を定めなかったが，結果的に木曜日に訪問することが多くなった。デイサービスに来ている高齢者がお風呂や食事を終えて，ひと段落した午後2時から3時をお話の時間としていただくことが多かった。聞き手の人数が20〜30人と多い分，お話を聞き

やすいように、事前にスタッフの方に会場配置を調整していただいた。また、聞こえづらい方もいらっしゃるので、毎回ピンマイクをつけてお話会を行った。

一方、「グループホームつばき園」[9]（以下、つばき園）は、2011年度は、全部で4回訪問させていただいた。1回の訪問で、1・2階それぞれに30分ずつお話会を行った。少人数かつ至近距離で行うお話会は実にアットホームな雰囲気であり、静かに耳を、眼を傾けてくれる。読み聞かせをしながら、一人ひとりの顔もみて、反応を知ることができるのも少人数のお話会のよい面である。

❷ 高齢者向けお話会の構成

お話会の主な流れは、両施設ともほぼ同じである。お話会を始める「始まりの歌」をして、ろうそくに灯をともし、読み聞かせを始める。最後は、ろうそくをその月の誕生日の方に願い事をしながら吹き消してもらい、おしまいの歌を歌って終了となる。最後まで静聴してくださる方がいる一方、途中でうつらうつら眠りに入る方もいらっしゃるが、概ね本そのものだけでなく、お話の時間そのものを楽しんでいただいているようだ。

毎回のお話会で、冒頭に館名と名前を伝え、お話会終了後には、「今日お話した本は図書館に飾り、借りることができます。どうぞ図書館へもいらしてください」と声掛けをする。1年経つころには、前はよく図書館を利用していたので、また久しぶりに行ってみたい、と言ってくださる方もいた。

お話会終了後は、お話会ボランティアの方とお話会の感想や聞き手の反応を振り返る。同じ絵本でも地域ケアプラザとつばき園では

反応が違うこともある。そして紹介した本は，事前に横浜市の各図書館より複本を取寄せておき，中図書館のカウンター前に一定期間展示し，貸し出しの便に供している。お話会対象者はもとより，子どもから大人まで多くの人が手にとって見てくれる。

3　高齢者向けお話会の特徴

両施設の訪問お話会を続けていくうちに，高齢者向けお話会の特徴が見えてきた。まず，1年を通して，訪問お話会は継続して行うということが，高齢者にとって大切な意味をなしてくる。最初は戸惑う人たちも，回を増すごとに，あの人たちがまた来る，という楽しみと安心感に変わるのである。地域ケアプラザでは，曜日毎にデイケアサービスを利用する方が異なる。結果として同じ曜日に訪問したことが，顔を覚えていただけることへとつながった。逆に訪問する側も聞き手の顔ぶれがわかるようになるので，お話会もしやすく，距離も縮まる。

また，一番の特徴は，何よりも聞き手が高齢者ということだ。彼ら聞き手は，「多年にわたって蓄積した知恵」「子どもや成人になってからのこと，努力をした分野のこと，忘れ難い旅などを思い出す能力」[10]をもっている特徴がある。では，彼らに提供できる本はどのようなものがあるのだろうか。

1）絵本の読み聞かせについて

プログラムの構成は，読み聞かせの絵本を中心としながら，わらべ歌，ストーリーテリング[11]を組み込んでいる。お話会プログラムをつくる際に，どのような本を選ぶのかは試行錯誤の連続であった。ボランティアの方とともに，今までの子ども向けお話会の経験

をもとに,子どものお話会に定番の本だけでなく,子どもには内容が難解だと控えていた本,遠目がきくもの,読み聞かせるのに長い時間を要するお話などを加えていった。

　その中でも,科学絵本に分類される四季の移り変わりに関するもの,自然を描いたものは,聞き手の反応が強く表れていた。一例として,佐藤忠良が描いた『木』[12]を挙げる。これは,春に桜が咲いた時期に読み聞かせをした本だ。力強さと繊細さを備えた素晴らしい画力で書かれたさくらの移り変わりを見て,きれいねえ,と口々にいいながら食い入るように見ていた。自分がすでに知っている,または日常で見る景色であるという,自分との共通点が多いほど,感慨深いようである。

　読み聞かせをしている間に,「昔,見聞きしたことを思い出す」という体験をする。自分が体験した長い人生経験から断片的でも懐かしさを感じること,思い出すこと,これが子ども向けお話会との大きな違いなのである。実際に『おじいさんの旅』[13]では,絵本を読み終えた後で,ご自身の身の上と重ねて昔を思い出し,涙ぐむ方もおられた。このように読み聞かせをしている最中,または読み終わってから自らの思い出を語りだす方が多数いらっしゃった。これらのことからも,「思い出す」体験ができるであろう絵本は,選ぶ際のひとつの目安としている。

　なつかしさという点では,昔話絵本も高齢者には楽しんでもらえる。昔話のはっきりした起承転結や構成力の高さなど,もともともつ物語の力も引き付ける大きな一因ではある。しかし,聞き手自身が,小さい頃に聞いたことがある,または自らが子育ての時に読み聞かせた事がある,など記憶に残っている話だとことのほか興味を

強くひくようだ。
2）絵本の読み聞かせ以外について

　お話会のプログラムでは，絵本の読み聞かせ以外には，わらべ歌，詩，ストーリーテリングなどを用いているのでそれぞれ紹介したい。まず，わらべ歌は，プログラムの中では，読み聞かせなどを集中して聞いて緊張した体をほぐすために読み聞かせの合間に入れたり，お話会の初めに入れて無理なく集中できるように組んでいる。しかし，その醍醐味は，耳で聴く心地よさと，スキンシップの体感である。多くのわらべ歌にはリズムや歌とともに動作がついている。皆で楽しみながら歌い，手や足を動かす運動ができる。また，2人で行う動作もあり，繰り返し歌いながら，手と手を触れ合うなど，スキンシップの心地よさを体感しているのだ。地域ケアプラザでは，主にお話会の前に，座りながらできる運動のビデオをみて，一緒に体操をする時間がある。しかしお話会で行う季節に合ったわらべ歌で部分的に体を動かすことは，いつもの体操とはまた違って，新鮮であるようだ。

　詩については，近年話題になった100歳の柴田トヨさんが書いた『くじけないで』[14] を読んだことがあった。これからの希望になるもの，共感できるものを選んでいる。他には，『ことばあそびうた』[15]（谷川俊太郎）など，耳で聞いて単純に語感を楽しむものを取り入れている。声をだして，ことばあそびを一緒に楽しんでくださる人もいた。

　ストーリーテリングを行うことも子ども同様に効果がある。子どもにとっては想像力を養うなどの要素があるが，高齢者にとっては，記憶を呼び起こす力となる。昔話から創作まで，集中して聞い

てくださり，懐かしそうにうなずいている方や，話が終わると感想をおっしゃってくださる方もいた。

このようにプログラム内容の違いからくる反応は，個人差も大きいものの，上記のような傾向と有用性を感じとることができた。

4　課　題

高齢者向けお話会を始めて1年ほどだが，有効面がみえる一方，課題もみえてきた。

特に重要と思われる高齢者サービスの位置づけ，地域ネットワークの構築，人員という3つの視点から課題を述べる。

1　高齢者サービスの具体的位置づけの必要性

アクションプランには高齢者サービスの項目は掲げられておらず，今のところ，各図書館の目標として行っているのが現状である。むろん録音図書や点字などの障害者サービスは以前から行っているが，それ以外の高齢者サービスを行うときに根拠となる対象規定はない。それは，高齢者向けお話会をする意義・位置づけが曖昧，または組織として必要性の理解を得る段階ではないことを意味する。きちんとした位置づけをし，図書館が高齢者福祉施設を訪問する根拠を明確にする必要を感じている。そのためには，さらなる事例の積み重ねと地域住民を含めた図書館内外での議論が必要となるであろう。

2　地域ネットワークの構築

図書館と福祉施設，ボランティアなどの多様な立場から意見を言

えるネットワークを構築することも課題である。ケアプラザは積極的にボランティアを受け入れており，今回の訪問お話会を好意的に受け入れてくれた。ケアプラザでは，他にも年に一度，ボランティア懇談会があり，様々な活動を行うグループ同士，交流を深めている。そこからわかるのは，様々な立場の人間が，地域で情報交換できる仕組みづくりを求めているということだ。中図書館でも書架整理ボランティア・お話会ボランティアが活動中であり，図書館主催でボランティア懇談会を開催し，意見交換の場としている。今後はさらに一歩踏み込んで，地域の関連機関同士のネットワーク構築に図書館が主導的な役割を果たしていく必要があろう。

　また，担当職員が変わっても，事業を継続できる仕組みづくりが必要である。現在は，高齢者福祉施設への訪問お話会は一部の職員が行っているにすぎない。このため，職員が移動すると，事業自体が立ち行かなくなる可能性が高い。職員共通の理解を得て，組織が行う永続的なサービスとして事業継続できる環境づくりも差し迫った課題である。

3　人員問題

　新たなサービスを始めるときに課題となってくるのが，人員確保の難しさである。中図書館の場合，職員が各自一定時間カウンター業務に出ている。訪問時はその間のカウンター業務を事前に他の職員に交代している。時には他職員の出張等と重なり，館内の職員が手薄になることもある。地域へ積極的に出ていきたい気持ちはあれども，基本の館内サービスをおろそかにするわけにはいかない。人員の面で訪問を断念せざるをえない場合もある。この課題を解決す

る一番の方策は,高齢者向けの読み聞かせボランティアを養成していくことであろう。ボランティアが増えれば,訪問日も増やすことができ,1対1の読み聞かせなど,新たなお話会の形式も可能になる。一方で,職員の異動を考慮すると,少なくとも2人以上の職員が一度は現場を体験しておく必要もあるだろう。将来的には,図書館が高齢者向けお話会の運営に関して,地域の福祉施設と図書館から訪問するボランティアとを結び付けるコーディネーターの役割ができれば,安定したサービスが提供できるものと考えている。

5　展　望

　これまで児童については,様々な対策,計画が行われてきた。未来を担う子どもたちへの読書推進の援助がこれからも重要なことには変わりない。しかし,高齢化が今後さらに進むことが明白な中で,図書館は高齢者サービスに対しても積極的に議論をしていくべきではないか。横浜市立図書館は公共図書館であり,横浜市民のためにある図書館である。地域で市民と本をつなぐ可能性の場があるのならば,図書館は福祉施設ともつながっていくべきではないか。福祉施設への訪問実行は,人員等を考えれば,現在の地域図書館で行うには厳しい状況かもしれない。しかし,地域とともにある図書館を目指すのならば,この問題と向き合う必要がある。

　地域図書館は地域住民により支えられている。とりわけ地域ボランティアの存在は図書館には欠かせない。職員は数年で異動となるが,地域住民であるボランティアの活動は,地域に根付いて残ってゆく。地域で求められる課題をみつけ,ボランティアと共に行動を起こしていくことが,サービス向上のためには不可欠だ。今後も図

書館は高齢者サービスを向上するためにも，地域ボランティアとの関係をこれまで以上に密接に深めていく必要があるだろう。

　一方で，地域における図書館の認知度は十分とは未だ言い難い。さらに図書館が高齢者向けお話会をしているという認識はないに等しい。高齢者向けお話会は，いまだ模索段階であるが，2012（平成24）年度も，中図書館の目標のひとつとして，高齢者向け訪問お話会の実施を盛り込む予定である。前年度の経験を活かし，課題に取り組み，高齢社会に対応する図書館として，高齢者向け訪問お話会が地域に根付いたサービスとして定着するよう取り組んでいきたい。

注）
1) 日本図書館委員会児童青少年委員会『児童図書館サービス1』日本図書館協会, 2011, p.16
2) 横浜市立図書館の企画展示は，全館で統一テーマで行うものの他, 地域館が地域の独自性をふまえて単館または, 複数館で行うものがある。
3) 山内薫『本と人をつなぐ図書館員』読書工, 2008, p.80
4) 横浜市立図書館「平成24年度横浜市立図書館の目標」（http:// www.city.yokohama.lg.jp/kyoiku/library/ unei/mokuhyou/2012/library.html）
5) これからの図書館の在り方検討協力者会議「これからの図書館像」（http://www.mext.go.jp/a_menu/shougai/tosho/giron/05080301/001/002.html）
6) 中図書館は, 定期的なお話会が月4回以上ある。3歳以上を対象とする定例お話会, 1歳以上を対象とする親子で聴くお話会である。
7) 横浜市立図書館「横浜市立図書館アクションプラン」（http://www.city.yokohama. lg.jp/kyoiku/library/ unei/actionplan.html）
8) 地域の福祉・保健活動を振興し, 福祉・保健サービスを総合的に提供する施設。事業内容は, 地域のボランティア等の活動・交流, 福祉に関する相談・助言・調整, 介護予防支援・居宅介護支援, 介護予防通所介護・通所介護（デイサービス）。

第 2 部　国内外の図書館における高齢者サービス

9) 認知症対応型協同生活保護施設で，少人数で生活する福祉施設。閑静な住宅街の中にあるつばき園は，2 階建で各階に 7，8 人が生活しており，スタッフは 24 時間体制で勤務している。
10) 竹内悊編『ストーリーテリングの実践―スペンサー・G.ショウ連続講演』日本図書館協会, 1995, p.102
11) お話を覚えて本を見ずに語ること。
12) 木島始・佐藤忠良『木』福音館書店, 2005
13) アレン・セイ（大島英美訳）『おじいさんの旅』ほるぷ出版, 2002
14) 柴田トヨ『くじけないで』飛鳥新社, 2010, p.109
15) 谷川俊太郎『ことばあそびうた』福音館書店, 1973

第8章

「限界図書館」を防ぐ
富山県の図書館を事例に

1 富山県の現状

　『富山県の人口　平成22年』によると，富山県の人口は109万367人である。県立図書館をはじめとして公共図書館の数は56である。2011（平成23）年度の予算で計算すると，県立図書館は住民一人あたり，図書館費410円，図書費53円である。これを県内の市と町（上市，立山，入善，朝日）と舟橋村でみてみると表8-1のようになる。

　県内でもっとも多い奉仕人口（各図書館がカバーする地域の人口）を抱える富山市立図書館は，数年内に商業施設内の移転が予定されているので，次に人口が多い高岡市に注目することにする。

　高岡市中央図書館は，新築のJR高岡駅から数分のビルに移転し，利用者が増えた図書館である。高岡市の図書館は，2012（平成24）年度の組織体制は以下の通りで，2010（平成22）年度と大きく変わるところはないとのことである。館名の後の数字は蔵書冊数で，2010（平成22）年度のものである。

表 8-1　富山県内市町村の住民1人あたりの図書館費等

	人口（人）	図書館費（円）	図書費（円）
富山市	420,229	1,420	280
高岡市	175,305	2,691	135
魚津市	44,720	1,666	245
氷見市	51,548	947	192
滑川市	33,578	2,041	253
黒部市	41,921	1,893	387
砺波市	49,263	2,004	268
小矢部市	31,746	992	244
南砺市	55,177	1,444	353
射水市	93,941	1,539	149
町（上市ほか）	89,942	1,779	497
舟橋村	2,988	11,290	1,339

中央図書館　30万9,865冊　館長　〈企画総務担当〉副主幹1名，主事1名，〈資料管理・館内サービス担当〉副主幹1名，監査主事1名，事務長1名，〈館外サービス担当〉主幹1名，主査1名，事務員1名，嘱託1名，嘱託運転手1名

伏木図書館　6万9,972冊　館長（併任）　副主幹1名

戸出図書館　5万7,664冊　館長（併任）　副主幹1名

中田図書館　3万6,516冊　館長（併任）　主事1名

福岡図書館　7万4,135冊　館長（兼務）　主事1名

　2010年度の，住民の図書館への登録率は41.0％，登録者一人あたりの貸し出し冊数は12.2冊である。年齢別の貸し出し冊数は表8-2の通りである。

　残念ながらWHOが高齢者と定めた65歳を境にする統計がとられていないが，図書館で図書を借りる利用者は，60歳以上が少な

くないことがわかる。

仮に60歳以上を高齢者とするならば，公共図書館の利用者に占める高齢者の割合は高く，図書館の存在そのものが，高齢化社会の中で，充分に「公共的」なものとして公益にかなっている。

井上靖代は，「高齢者サービス」について「資料提供」「サービス計画の実施」「施設・設備への配慮」「図書館職員の対応」をあげており，それぞれにサービスが具体的にあげられている[1]。井上があげた具体的なサービスのすべてが，富山県内の公共図書館のすべてで行われているわけではないが，各館で取り組まれていることも少なくない。

表8-2 高岡市民の年齢別貸し出し冊数

6歳以下	28,829
7～9歳	47,301
10～12歳	39,202
13～15歳	17,138
16～18歳	12,630
19～22歳	11,389
23～29歳	35,198
30～39歳	162,121
40～49歳	143,578
50～59歳	96,081
60～69歳	159,612
70歳以上	93,590

たとえば「資料提供」でとりあげられた「来館者への配慮」として，高岡市中央図書館では，車椅子が備えられている。大活字本も少なくない。要請があれば，老人ホームなどの施設に図書を貸し出すこともしている。高岡市では，移動図書館が，月に1度1時間ほど，高齢者が関連する「ケアホーム二上あいの風」他21に及ぶ施設を巡回している。

利用者は高齢者には限られないが，川原公民館，成美公民館などの公民館も巡回していることはいうまでもない。

）2　問題点

　では，今後高齢化がすすむなかで，公共図書館が高齢者向けに「積極的に」また「新たに」サービスを提供できるかといえば難しいと思われる。なぜなら，少々扇情的な言い方かもしれないが，「限界集落」ならぬ「限界図書館」，「学級崩壊」ならぬ「図書館崩壊」ともいいたくなるような状況が見受けられるからである。

　富山県内で司書採用をしている図書館は，富山県立図書館と富山市立図書館の2館のみである[2]。他は，その地域の公務員試験に合格し，採用された職員が勤めている。もちろん司書資格を有している合格者が図書館に配属されることもあるが，それは結果としてである。司書採用をしていない地域は，専門職ではないから他部署への人事異動が容易に行え，その地域の様々な職場を体験でき，全体を見渡す職員が育成される可能性がある。しかし，それはまた，極論すれば，「司書」という「コア人材」，つまり図書や図書館に関しての専門的知識のある人材の長期雇用を前提とした図書館運営を考えていないということである。すべての図書館職員が司書である必要はないが，理想をいえば，教育機関で図書館に関する豊かな知識を身に付けるとともに数週間の現場実習を体験した学生を数名採用し，現場のルーチンワークを精確に遂行できるよう熟練させ，いずれは現場の例外的事象を分析し，的確な決断ができ，さらに戦略的思考ができる人材を育成することが，結果的に公共性を高め，公益性を高めることになると思われる。

　富山県内のある教育委員会が，図書を購入し，小・中学校に貸し出すようにと，図書館にまわした。ただしバーコードなどは付けて

はならず，図書が紛失・破損等をした場合は図書館が弁償する，という条件をつけたそうである。教育委員会の方々には自明の理ではなかったようだが，司書資格をとるために図書館情報学を学んでいる学生ならば，バーコード等を付けないで整理・管理することがいかに困難であり，小・中学生が図書を利用して，すべてが無傷で返却されることはないことは即座にわかるはずである。司書資格をもつ図書館職員であれば，そのような条件での受け入れはしないか，展示ケースにでも飾って触らせないようにするであろう。

　2012年度現在，高岡市立図書館には職員17名，嘱託2名がおり，そのうち司書資格を有した職員は6名である。中央図書館には職員9名，嘱託2名，そのうち司書資格を有した職員2名いる。司書資格を有した職員2名は，あと数年で退職する。ここ数年で司書が採用されなければ，司書のいない図書館になる。またここ数年で採用されたとしても，これまでの経験知が伝授されるにはあまりにも短い期間しか残されていない。

　司書がいない図書館は，「図書がおいてある建物」になりかねないし，「図書」「図書館」に関しての専門知識のない者が誤った方向に導きかねないという意味で「限界図書館」といえよう。

　また図書館の利用者のマナーの低下，たとえば新聞・雑誌・辞書・図書を破って持ち帰るなどのケースには多くの図書館が頭を悩ましている。最近では，富山県内のある図書館で，コロッケの油染みを借りた図書に付ける，それも何冊にもつける「愉快犯」の話を聞いた。公共物としての意識のない利用者が増加していることは間違いない。このような利用者が多くなれば「図書館崩壊」である。

　こうした状況の中で，あらたに高齢者サービスというのはむずか

しいのが現状であろう。

3　将来に向けて　限界図書館を防ぐ

　では，高齢者サービスはまったく不可能かといえばそうではあるまい。

　ひとつは，先にのべたように長期的な視野をもち，本来の図書館の運営がうまくいくように，図書および図書館について学んだ，つまり司書資格を有した職員採用をすべきである。できるならば数週間の講習を受講して司書資格をとった者ではなく，大学で，しっかりと学習した者を採用し，将来の図書館長候補になるように育成したい。〈図書館〉での高齢者サービスなのだから，その企画・実行は図書館情報学という専門的知識を有する者が行ってこそ，現実的かつ有効なものになろう。

　もうひとつは，ボランティアである。現在，富山市立図書館では，子どもの読み聞かせなど児童サービスは，ボランティアによるところが大きい。図書館における高齢者サービスも同様にボランティアによることができるようにすればよい[3]。

　なお，ボランティアするための図書館といってもよい，NPO法人・情報ステーションが運営する図書館が，2012年3月現在，千葉県内に7館，京都に1館ある。定年退職後のシニア世代など世間と没交渉になりがちな人が，家に引きこもり，孤立しないための居場所としての一面もある。

　石川県においても，2011年に1日限定ではあるが，NPO金沢マチナカ大学が珠洲と山代温泉で出張図書館を開催している。また小松市に「こまつ町家文庫」が設けられている。

第8章 「限界図書館」を防ぐ

こうした従来の図書館とは異なる図書館が今後増えていく可能性を視野にいれておく必要があろう。

また，アメリカやヨーロッパでは転職のための手段，日本では若者が働く意義を見つめ直すきっかけとされるものに「パラレルキャリア」がある。もともと経営学者で著名なピーター・ドラッカーが『明日を支配するもの』などで提唱した考えで，寿命がのびた現代では，ひとつの組織に属して同じ仕事を継続するだけでなく，社会活動などにも参加することによって「新しい世界」が入手できるとする。「パラレルキャリア」を支援するサイト「もんじゅ」もある。〈高齢者〉が〈若い社会人〉に仕事について語る場，日本文化について語る場などを図書館が積極的に設けることは，「パラレルキャリア」に結びつくとともに，高齢者サービスにもなろう。

井上は，以下のようにのべている。

> 対人関係が狭くなりやすい高齢者にとって，世代を越えた人々と交流できる「場」の一つとして，公共図書館は十分に機能するべきであろう。

> 高齢者だからといって，何もかも手取り足取り行うのは，本来的なサービスとはいえない。記憶力の低下や精神の老化に対しても，利用者自身の自立を促していくのが，肝要なのである[4]。

世代を越えた人々と交流できるかはともかくとして，2010（平成22）年度の富山県内の図書館における集会活動の回数4,589回，参加者数7万1,204人は少なくない数字であろう。

こうした集会に，たとえば福祉系の部署や福祉系の教育機関と連携した福祉色が濃厚なものを企画することは可能であろう。そうし

表8-3 富山県内図書館の集会活動回数と参加者人数

	回数	参加者数
富山県	19	1,467
富山市	1,816	21,110
高岡市	716	13,419
魚津市	192	3,568
氷見市	13	210
滑川市	68	1,170
黒部市	85	1,526
砺波市	220	6,714
小矢部市	259	5,652
南砺市	468	4,030
射水市	233	2,920
町（上市ほか）	434	6,748
舟橋村	66	2,670

た企画では，集会の内容は公的に問題なければよしとし，図書館側はいつ，そうした集会が行われるかといったタイムスケジュールと図書館のどの部屋で行われるかといった場所の確保，それに関連する図書の準備に限定すれば，さほど負担増にならず実現可能と思われる。

4 将来に向けて　読書計画を支援する

　高岡市では，2011（平成23）年度の開館日312日の「曜日別年齢別利用人数」の統計がなされている（表8-4を参照）。

　60歳以上は曜日による貸し出し数の大きな変化はないが，30・40代は土日が明らかに多く，50代はほかの曜日よりは多いが，30・40代ほどは際だっていない。大きな要因は，「退職」であろう。鷲田小彌太は，「定年後の人生設計のなかに読書計画をしっかりと組み込もう」「定年後に備えて読書体力をつけよう」と唱えた[5]。鷲田にしたがえばおそくとも60〜65歳に読書計画を立て，高齢者になったときに備えて読書体力をつける，そのための計画を図書館がたて，実行することが高齢者の図書館利用につながろう。それが結果

第8章 「限界図書館」を防ぐ

表8-4 高岡市の図書館の曜日別年齢別利用人数 (2011年度)

	月 33日	火 39日	水 50日	木 56日	金 56日	土 43日	日 35日
6歳以下	282	1,918	526	980	524	1,142	933
7～9歳	682	857	903	827	1,048	2,622	2,079
10～12歳	728	774	803	699	964	2,279	2,039
13～15歳	286	491	440	349	558	1,042	939
16～18歳	445	624	546	602	594	744	619
19～22歳	342	512	636	499	477	566	455
23～29歳	927	1,517	1,440	1,453	1,540	1,759	1,445
30～39歳	2,894	4,198	4,848	4,674	4,828	8,103	6,885
40～49歳	2,752	3,972	4,297	4,438	4,342	8,550	7,540
50～59歳	2,298	3,616	3,850	3,832	4,140	5,728	4,650
60～69歳	4,153	6,545	7,059	7,200	7,055	7,831	5,794
70歳以上	2,604	4,571	4,832	4,967	4,835	4,348	3,397

として高齢者の学習・教育、さらには福祉に貢献し、図書館の存在の意義が増すのではなかろうか。

5 おわりに

大手スーパーのイオンが、2012年3月28日に、商品開発などで「シニアシフト」を強化すると発表した。同日の記者会見で、村井正平専務執行役は、60歳以上の個人消費は今後4％成長するという試算があり、旺盛な消費活動の需要に応えることが不可欠だとしている。同じく大手スーパーのダイエーは、インターネットで注文できない高齢者向けの「でんわスーパーおとどけ便」を開始し、イトーヨーカ堂は、65歳以上限定のカード「シニアナナコ」を発行する。こうした社会状況からすれば、図書館サービスも「シニアシフト」が必要と思われる。図書館が高齢者のくらしに根付き、活力

第 2 部　国内外の図書館における高齢者サービス

を与える地域社会の形成に貢献することを願ってやまない。

　　付記）　本稿をなすにあたり，菅原緑氏のご教示を得た。深甚の謝意を示すものである。

注）
1) 小田光宏編『図書館サービス論』(JLA 図書館情報学テクストシリーズ II 第 3 巻) 日本図書館協会, 2010, pp.183-184
2) 富山県の図書館職員については, 参納哲郎「〈提言〉懸念される司書正規職員の漸減傾向」(『富山県図書館研究集録 第 43 号』富山県図書館協会, 平成 24 年 3 月) が最新の状況について述べている。
3) 第 40 回富山県社会教育大会における実践発表について」(『富山県図書館研究集録 第 43 号』) によれば, 図書館が把握している富山県内で子どもの読書にかかわるボランティアグループは, 2012 (平成 22) 年 6 月現在で, 55 団体 635 人で, 実態はこれ以上とされる。なお, 絵本の読み聞かせのプロフェッショナルに坂口慶氏がいる。また曽野綾子氏が「盲人用のテープは, 善意溢れる素人のボランティヤーなどが読んでいてはいけないのではないだろうか。眼の見えない人にこそ, 音声だけは第一級のプロの, 芸術的に製作されたものを聞いてもらうべきではないか」(『自分をまげない勇気と信念のことば』WAC, 2010 年, p.130) と述べている。高齢者向けの読み聞かせのプロフェッショナルについても, その必要性, 専門性等について検討しておくことは重要と考えられる。
4) 前掲書 1), 2010, pp.184-185
5) 鷲田小彌太『定年と読書』文芸社文庫, 2011, pp.156-178

第9章

多様な高齢者サービスの事例
鳥取県立図書館の試み

1 鳥取県立図書館の概要

　鳥取県は，面積約3,507平方キロメートル，人口約58万人の小さな県であるが，北は日本海に面し，鳥取砂丘をはじめとする白砂青松の海岸線が続き，南には巨峰大山をはじめ中国山地の山々が連なる風光明媚な地形，季節感に溢れた四季，豊富な海・山の幸に恵まれた所である。鳥取県立図書館は県東部の鳥取市に位置し，現在の図書館は1990年に新築移転したものである。2012（平成24）年3月現在，蔵書冊数は約98万冊，2011（平成23）年度の貸出冊数は約45万冊であり，利用者年齢別貸出冊数でみると，60歳以上の利用者の貸出冊数は約9万冊，前年度より約7,000冊増加しており，全体の25％を占めている。個人登録者数は約10万6千人，その内60歳以上の登録者は約1万6千人，全体の約15％である。

　鳥取県年齢別推計人口（鳥取県企画部統計課）によると，2011（平成23）年10月1日現在，老年人口（65歳以上）の割合は26.4％を占めている。前年と比べると，238人減少しているものの，75歳以上

の人口は2,087人増加している。

　以上のことから，今後の図書館サービスを考える上で，高齢社会を視野に入れたサービスを行うことは必須である。

　現在，鳥取県立図書館では県民のくらしや仕事に役立つ情報支援として，健康情報サービス，ビジネス支援，法情報サービスを中心に，子育て支援サービス，障害者サービスに取り組んできている。それぞれのサービスにおいて，高齢者を対象とした様々な取り組みが行われている。ここでは，各サービスの観点から高齢社会における鳥取県立図書館（以下，当館）の取り組みを紹介する。

2　障害者サービスにおける取り組み

　障害者サービスの定義は「図書館利用に障害のある人へのサービス」であり，その目的は「すべての人にすべての資料・サービスを提供する」ことである。従ってサービス対象は障害者をはじめ，入院患者，施設入所者，妊産婦，外国人，受刑者，高齢者等が挙げられる。当館で作成した障害者サービスの利用案内には，施設案内，利用できる資料，機器，サービスを紹介しており，高齢者の利用も多い。

① 施　設

　館内には車椅子を常備しており，車椅子専用席がある。エレベーターには低位置の操作盤・手すり・鏡が付いている。また，1階にはオストメイト対応トイレを設置している。2011（平成23）年度リニューアルした館内の案内表示板は，文字を大きくしてルビを振り，わかりやすいものに変えた。

第9章　多様な高齢者サービスの事例

② 資　料

　大きな活字で印刷された大活字本は出版量が少ないが，出版されたものはすべて購入しており，高齢者の利用が非常に多い。また，録音資料として CD，カセット，DAISY 図書を所蔵している。CD の貸出は 2008（平成 20）年 8 月から始まり，音楽 CD，朗読 CD どちらも高齢者の利用が多い。DAISY 図書については再生機器プレクストークの貸出をしているが，操作が難しいためか，今のところ機器の利用が少ないのが現状である。

③ 機　器

　1 階，2 階閲覧室には印刷物を大きく映し出す拡大読書機を設置している。一般，郷土，児童の各カウンターに老眼鏡，天眼鏡を設置している。この他，聞こえにくい方のために携帯助聴器ボイスメッセや筆談ボードを用意している。1 階インターネットコーナーにはパソコン画面にある情報を音声で読み上げる音声パソコンを置いている。また，印刷された文書や CD を読み上げる音声読書器も用意している。

④ サービス

　目の不自由な方（加齢等による視力低下により，活字が読みづらい方も含む）や本を持ったりページをめくったりすることが困難な方のために，図書館協力者による対面音訳サービスを行っている。

　また，図書館に直接来館できない方のために図書館資料の郵送貸出サービスを行っている。障害者手帳，戦傷病者手帳，療育手帳の有無等で送料が多少異なるが，家族，介護ヘルパー等による代理貸出・返却も認め，送料の負担が少なくなるよう配慮している。

　さらに 2011（平成 23）年度は「バリアフリー映画上映会」を開催

した。バリアフリー映画とはセリフの合間に場面の視覚的情報を補う音声ガイドが入っていたり,日本映画にも字幕が付くなどの工夫がされていたり,視覚や聴覚に障害がある方々が鑑賞できるようにしているものである。2011(平成23)年8月と翌年1月に開催したが,両日とも高齢者の参加が多かった。音声ガイドがうるさく感じられるのではないかと懸念したが,アンケートでは大半の方が満足という回答で,今後も継続して実施していく予定である。

3　健康情報サービスにおける取り組み

　近年,インフォームドコンセント,セカンドオピニオン等,患者主体の医療に移行する中で,ますます個人が自分で判断し,自分で責任を取らなければならない社会となってきている。また,高齢化社会の到来,国民の健康増進を目的とした国の政策等により,ここ数年健康ブームが続き,老若男女問わず健康に対する関心が深まっている。

　これを受けて,当館も2006(平成18)年度より健康情報サービスの提供を開始し,同年7月7日,患者が病気と闘った手記を集めた「闘病記文庫」を開設した。闘病記には病気をどう捉え,病とどう向き合いどう生きるかという「生き方情報」が綴られている。「闘病記文庫」は「がん」「小児」「疾病」に大分類されており,その中からそれぞれの病名で検索できるようになっている。開設当初は医療関係の書架の続きに配架していたが,身体が不自由な高齢者が館内の椅子を持ってきて座って閲覧する姿が見受けられたり,また他の人の視線を気にせずゆっくり読みたいという気持ちを配慮して,2011(平成23)年7月7日,館内の一角に利用者に落ち着いて資料を閲

覧していただけるよう闘病記コーナーをリニューアルした。闘病記コーナーは図書館奥の窓際にあり，書架とスクリーンで仕切られている。中にはソファが設置してあり，ゆったり長時間閲覧することができる。2012（平成 24）年 3 月現在，闘病記は約 1,300 冊，2011（平成 23）年度の年間貸出冊数は約 850 冊である。

　また，毎月第 2 木曜日に開催されている鳥取県医師会主催の健康公開講座に年に 2～3 回，出前図書館を実施している。出前図書館では講座のテーマに関連のある所蔵資料を会場に展示し，その場で貸出，利用者登録も行っている。また，講座終了後，5～10 分間，図書館の健康情報サービスの PR の時間を設けてもらっている。この公開講座のテーマは認知症，骨粗鬆症，頸椎疾患，糖尿病，目のかすみ等，高齢者の関心事が多く，また実際に高齢者の参加者も多い。講座の前後に展示の本を借りる方や図書館の PR を聞いて来館し闘病記文庫を利用する方，相談カウンターで相談する方等もあり，ここへの出前が医療・健康に関する情報提供に繋がっていると考えられる。

　健康情報サービスの一環として，2010（平成 22）年に当館主催の講演会「回想法　想い出かたりは元気のもと～昔の写真や品物で認知症予防～」を開催した。回想法は，主に高齢者を対象に写真・品物などを介して昔の暮らしや想い出を語り合い，記憶力，想像力を養う心理療法で，認知症予防や認知症の患者の療法手段であるが，その認知度が低い。そこで，普及・啓発を目的に，理論編と実践編の二部構成で講座を行った。

　理論編は 8 月 7 日に当館で開催され，前半は出雲市民病院の理事長である鈴木正典氏を講師に「回想法の理論と実際～図書館の民俗

学資料をもとに～」をテーマに講演が行われた。本講座のサブテーマが「図書館資料を使って回想法」であることから，図書館が所蔵する写真集や歴史資料を使い，会場の参加者と昔を語り合ったり，講師のチェロ伴奏で昔の歌を歌ったりした。その後，後半は鳥取西地域キャラバンメイト連絡会・会長，山田節子氏による活動発表「認知症を予防するとともに認知症になっても安心して暮らしやすいまちづくりをめざして」，続いて同連絡会の会員による寸劇「忘れないよ，おばあちゃんのやさしさ」が行われた。また，当館司書が「図書館ネットワークで届ける健康情報」の報告をし，参加者に健康情報サービスのPRをした。会場には高齢者をはじめ，介護関係者，県の健康行政担当課職員等，約100名が参加し，改めて県民の健康に対する関心の高さを感じた。

　実践編は場所を変え，鳥取市西部に位置する気高町の「ゆうゆう健康館けたか」で8月29日に開催した。前回と同じ講師による回想法の実践，鳥取西地域キャラバンメイト連絡会の活動発表，寸劇が行われ，鳥取市立図書館の司書による図書館のPRも行われた。参加者は約100名，実践編も盛況の内に終わった。

　この講座の目的は，図書館資料を使った回想法を行うことにより，図書館資料の新たな活用法を学び，実際に認知症予防や認知症治療に役立ててもらうことである。そのため，「鳥取県立図書館に所蔵している認知症予防に関する資料リスト」並びに「『回想法』について知るための本　想い出きっかけになる本」を配布し，講師の著書をはじめ関連図書を紹介し，認知症や回想法の情報収集に役立つよう支援した。アンケートの結果をみると，「写真を見ながらの楽しい時間だった」「昔を想い出して楽しく学ばせていただいた」「写

真を使って語ることのすばらしさが理解できた」等，参加者の反応も良く，大いに図書館の意義が認識されたのではないかと考えられる。

4 ビジネス支援における取り組み

県の厳しい財政事情の中，2004（平成16）年4月，当館のビジネス支援事業はスタートした。図書館も地域の最大の課題である地域経済の発展のために貢献したい，県民の仕事や生活のために役立ちたいという思いからである。

年間約1億円の資料費を基に構築される豊富な資料群，2008（平成20）年まで館外の県労働政策担当課，農業政策担当課，商工会議所，産業技術センター等の外部委員で構成されたビジネス支援委員をアドバイザーとする豊富な人的資源を活用し，これまで様々な事業が展開されてきた。

その中で2007（平成19）年度には，団塊の世代が退職を迎える2007年問題に対応するため，『「団塊の世代」応援セミナー』を3回開催した。このセミナーは，団塊の世代の方を対象に，退職後「会社を起こしたい」「お店を開きたい」等，起業についての基礎的な知識を身に付け，情報収集や情報交換を行い，自分のもっているイメージをまとめることを目的に行った。第1回は「創業の準備，ビジネスチャンスの見つけ方」，第2回は「シーズをビジネスにする方法　ビジネスプランの作り方」，第3回は「事業計画書のポイント」の計3回，㈱アルマ経営研究所取締役チーフコンサルタント・西尾哲也氏を講師に当館と米子市立図書館で開催した。会場には事業計画書を作成する参考となるよう関連図書を用意した。また，第

145

2回には「起業にも役立つ図書館利用法」について当館司書による講義を行った。参加者は両会場とも数名ずつだったが，ほとんどが「団塊の世代」の方々であった。

　翌年度にも『団塊の世代の「夢実現」応援講座』を開催した。第1回が㈱ハーストーリー・さとうみどり氏を講師に「商売をはじめました!!」，第2回が日本農業資材㈱社長・山口幸雄氏を講師に「ものづくりで起業!!」と題する講演を当館と倉吉市立図書館の2会場で行った。この講座のコンセプトは，「自分のキャリアデザインを再形成するきっかけ作り」，「夢実現への一歩を考えるきっかけ作り」で，ここでも当館司書による講義「起業に役立つ図書館の活用法」と関連図書の展示をした。

　高齢化が進む社会の中で，働く意欲のある高齢者に新たな仕事のスキルを学んだり，仕事の情報を提供することや定年後のセカンド・ライフを応援することは，高齢社会に向けた有効な取り組みのひとつといえるのではないだろうか。

　ビジネス支援をスタートして以来，館内には人名録や業界団体の年鑑，統計資料，業界誌・専門雑誌等，調べものに役立つ資料を配架した「ビジネスヒント！調査コーナー」「仕事に役立つパンフレット・チラシコーナー」「働くあなたへ！仕事のギモンを解決?!　ちょっと知りたい　知識あれこれコーナー」を設置している。2010（平成22）年3月には現在の厳しい雇用問題で困っている県民をサポートすることを目的に「働く気持ち応援コーナー」を開設した。このコーナーは，労働問題，資格取得，ビジネスマナー，業界情報，就職・転職，研修・講習会案内，求人情報，メンタルケア等，関係する各分野の図書やパンフレットを1ヵ所にまとめて配架し，必要な

情報をワンストップで提供している。その中の『セカンド・ライフ』の棚は，定年後の就職や起業，ボランティア活動等の本が充実している。因みに当館でも高齢者のボランティアが多く，生き甲斐のあるセカンド・ライフを楽しんでいる。

5 法情報サービスにおける取り組み

当館では司法制度改革や裁判員制度などを見据え，2007（平成19）年度から法情報サービスの提供を始め，生活や仕事での困りごと，社会や制度のルールについて情報収集できるよう支援している。その一環として，困りごと解決支援のための「法情報検索マップ」を作成している。これは窓口の司書に相談しにくい離婚や悪質商法，境界問題といった内容について，利用者が簡単に調べられるよう，館内の各テーマの関連資料の配置がわかるようにしたB5版のリーフレットである。現在，年金問題，多重債務，悪質商法等，17のテーマで作成している。各テーマに関連する図書や雑誌，インターネット情報，県内の相談機関を案内し，最後のページに関連図書・雑誌，関係法令等の場所がわかる館内マップを掲載している。

昨今，振り込め詐欺等，高齢者をめぐる消費者トラブルが後を絶たないが，被害にあわないために事例や手口，関係法令や制度等の情報を提供することが必要である。また，年金問題や介護についても高齢社会における深刻な問題である。法情報検索マップのテーマの中には悪質商法，年金問題，介護もあり，特に年金問題は利用が多い。

また，困りごと解決支援として，毎月第二土曜日に鳥取県行政書

士会主催(当館は共催)の行政書士無料相談会も開催している。相談内容は相続・遺言,交通事故後遺障害等級認定,外国人の在留手続・帰化,成年後見等,多岐に渡っている。相談の事前申込は不要で,相談会の場所には関連図書を展示し貸出している。高齢者の利用も多く,毎回盛況である。

6 今後の課題と展開

　県内の老年人口の増加,高齢社会に向けて,今後ますます高齢者へのサービスが中心となることが予想される。閲覧室では常に高齢者の比率が高い。従って,今後さらに様々な点で,高齢者に配慮した利用環境の見直しが必要である。たとえば,館内の表示,案内図を文字が大きく見やすいものに改善したり,配布用の利用案内も高齢者向けに文字が大きなものが必要となる。また,身体の不自由な方に対しては,職員のサポート体制を整え,臨機応変な対応が必要であろう。

　2010(平成22)年に実施した回想法の講演会では,写真集や歴史資料を見て昔の想い出を語り合うことが認知症予防になることが認識され,図書館資料の新たな活用法が見出された。従って,"図書館資料を使って認知症予防"をキーワードに高齢者を対象とした新たな取り組みが想定される。2011年度2回開催した「震災の記憶を語り継ぐ」においても,1943(昭和18)年に起こった鳥取大震災を体験した方々が,震災の記憶を自由に語り合い盛況な会となった。今後も図書館資料を使って昔の記憶を語り合う座談会のような催しを実施したり,あるいは音読も認知症予防に効果があるといわれている(川島隆太・安達忠夫『脳と音読』講談社,2004)ことから,高齢

者対象の朗読会等を実施したりすることも取り組みのひとつとして考えられる。

　これまで述べてきた個々のサービスは館内で委員会が組織され，担当の委員会で各サービスを実施している。従って，回想法の取り組みは健康情報サービス委員会が中心ではあるが，高齢者対象ということで障害者サービスにも関連するので，２つの委員会が連携して取り組みを実施することも可能である。同様に介護のことなら制度的には法情報サービス委員会，医療面では健康情報サービス委員会，また仕事のことなら資格・就職についてはビジネス支援委員会，雇用制度については法情報サービス委員会が担当すれば，サービス内容の幅が広がり，高齢者サービスもより充実したものとなる。従って，今後はいくつかの委員会がコラボレートし，新たな発想による取り組みを提案していきたいと考える。

　また，今後も図書館の強みである豊富な資料と人的ネットワークを駆使して，高齢者のニーズに応える，役に立つ情報を提供していきたい。

第10章

高齢者への〈読み聞かせ・語り〉

1 高齢者への対応

　歩行が困難になったり，視力や聴覚が低下したりと，高齢者の行動には様々な制約が生じる。

　一方で，長い人生経験をもった高齢者には，深い人生観と豊かな内面があり，また，様々な読書体験をもっている。高齢社会の図書館がその機能を十分に果たしていくためには，そうした高齢者の特性に応じたサービスを様々に工夫していかなければならない。

　そのひとつに，高齢者を対象とした〈読み聞かせ〉や〈語り〉がある。〈読み聞かせ〉や〈語り〉は，高齢者のハンディキャップに対応したサービスであるとともに，人生の意義をより意味深いものとする力をもつ活動でもある。

　図書館では，〈読み聞かせ〉というと，子どもに対して大型の絵本を示しながら読んで聞かせる活動を指すことが多い。けれど，本来，読み聞かせとは，読んで聞かせるという意味であるから，必ずしも絵本を見せながら読むものとは限らない。文字を見ずに行うス

第10章　高齢者への〈読み聞かせ・語り〉

トーリーテリングに対し，文字通り読んで聞かせる図書館の活動はすべて〈読み聞かせ〉である。「聞かせ」という言い方には，子どもに向けての表現である感じも漂う。したがって，この語を高齢者に対する活動に用いるかどうかは，今後検討される必要があるかもしれない。とりあえず本章では，図書館における朗読活動を意味する語として〈読み聞かせ〉を用いておく。ペープサート（紙人形劇）のように人形の動きと連動させて読んだり，紙芝居を見せながら読み聞かせるなどの活動も〈読み聞かせ〉の延長線上にある。

一方，〈語り〉は，ストーリーテリングの同義語で，文字を見ずに音声でテキストの内容を伝える活動を指す。児童サービスでは〈おはなし〉という用語が使われることが多いが，高齢者サービスの用語としては〈語り〉がふさわしいと考える。ただし，〈語り〉は，本章の後半で扱うように，〈読み聞かせ〉の高度な様態を意味する場合もある。〈語り〉の延長線上にも，人形劇のナレーション，講談，落語，一人芝居など，様々なジャンルが存在する。

従来，〈読み聞かせ〉や〈語り〉は，主に子どもを対象に開発され，実践されてきた。高齢者には，それらをどのように展開していったらよいのであろうか。その活動のあり方を検討していきたい。

2　現　状

図書館における高齢者への読み聞かせ活動の現状を把握するため，2011（平成23）年度末に，千葉県内89の公立図書館に対し，次に示す調査を実施し，3月末までに53館から回答を得た。結果と併せて示す（文章による回答部分は，地域名等を省き，言い回しも簡略化した）。

第2部　国内外の図書館における高齢者サービス

Q1	高齢者を対象とした読み聞かせを行っていますか。
	1　図書館の事業として館内で行っている。（1）
	2　図書館の事業として館外で行っている。（0）
	3　地域住民等の自主的な活動として館内で行っている。（0）
	4　地域住民等の館外の活動に協力している。（4）
	5　行っていない。（46）
	6　その他（2）
	・実績はないが老人福祉施設等より依頼があれば行う。
	・老人福祉施設でボランティアによる対面朗読サービス（主に絵本）を行っている。
Q2	高齢者を対象とした読み聞かせを行っている場合，工夫しているところや注意していることがありましたら，お書き下さい。
	・対象年齢や人数によって，紙芝居や大型絵本の読み聞かせを行っている。地域の歴史の本を読むこともある。手話ソングも行っている。
	・8月の毎水曜日に一般の方（高齢者を含めた）を対象とした夏休み朗読会を実施。戦争をテーマとしたお話を数本。ゆっくりと丁寧な口調を心がけている。
	・老人ホームに大活字本などを月1回配本・リクエスト。
	・老人福祉施設でボランティアによる対面朗読サービス（主に絵本）を行っている。
Q3	読み聞かせ以外に高齢者を対象とした事業を行っていましたら，その概要をお書き下さい。

A	貸出に関する回答	・大活字本や朗読ＣＤの収集・整備を積極的に行っている。 ・大型絵本の貸出。 ・高齢者施設に対する団体貸出について検討中。 ・平成24年度よりハンディキャップサービスとして宅配サービス・送料800円の半額を市が助成。 ・敬老の日にブックリストを配布している。 ・外出困難な高齢者に対しては障害者サービスを適用。 ・大活字本や朗読ＣＤの貸出をしている。
B	イベントに関する回答	・開館20周年記念行事として「なつかしの映画会」を開催した。 ・文学講座への参加。地域にゆかりのある文学を取り上げ鑑賞する講座に人気のあるものがあった。 ・高齢者を視野に入れた事業を企画していく予定。 ・大人のための工作教室，お話会などを予定。 ・高齢者に配慮している。 ・シニア応援コーナー（年金・福祉仕事・趣味等）の設置，講座への参加。 ・平成24年度よりシニア支援コーナー。シニア向け講座。 ・対象を高齢者に特定しているわけではないが，講演会等の参加には高齢者が多い。 ・図書館を利用している団体が「大人のための朗読会」を行っている。参加者は毎回増えているようだ。

第10章　高齢者への〈読み聞かせ・語り〉

　前頁の表がその回答だが，このほかに「必要と思いながらなにもできない情況です」と記された付箋の貼られた回答もあった。
　全般に高齢者を特定した読み聞かせ活動が行われていないことがわかるが，図書館講座等への高齢者の参加は増えているという回答もあり，そのニーズに応えようとする図書館の計画も立てられ始めているようである。Webで調べると，全国各地で，少しずつ図書館の高齢者への対応事例がみられるようになってきている。今は，高齢者サービスのモデルを具体的に検討しはじめた時期のようである。

3　高齢者のニーズ

　現在の高齢者はラジオの時代を経てきているため，朗読に対して豊かな体験をもっている人が多い。徳川夢声の朗読を味わい，中村メイ子のラジオドラマに心を躍らせた世代なのである。今もラジオの深夜放送や早朝放送で，数多くの朗読に接している人が多いようだ。講談，落語などの話芸にも数多く接してきたことであろう。要するに，耳の肥えた世代なのである。
　したがって，図書館職員やアマチュアのボランティアが，高齢者に〈読み聞かせ〉や〈語り〉を試みようとするなら，ある程度はその技術を磨いておく必要があるだろう。
　けれど，読みの技術に自信がないからといって，何もできないということはない。自分の眼で読みたくても，それが難しくなっている高齢者もいるのだし，また，文学を鑑賞するために聞くという以外に，もっと実用的な資料を読んでもらいたいというニーズもある。

第2部 国内外の図書館における高齢者サービス

　まず，高齢者のニーズに耳を傾けてみよう。65歳から90歳までの男女で構成される10人前後の趣味のグループ3つに，「図書館での音読サービス」(固定観念にとらわれないよう，このような用語を用いた) についての聞き取り調査を行った。その結果を整理して示すと，次のようであった。

A　文学作品の朗読について
- ラジオで聞いて楽しかったのでぜひ生の朗読会にも参加したい。(75歳)
- 文学が好きなので，作品を読んでくれるのは嬉しい。
- 詩歌の朗読があれば行きたい。自分も参加できるとよい。(67歳)
- あまり利用しないと思う。(73・74歳)
- 視力の衰えた方には必要だ。
- 無料なら今でも利用する。(65歳・67歳)
- 月1回程度なら毎月参加する。(65歳)
- 毎回図書館に足を運ぶのは大変だ。
- 自分でも読んでみたい。
- 自分も声を出したい。(75歳)
- 漢文学の素読を指導してほしい。
- 読み聞かせをしてくれるなら，自分で音量を調節できるようにしてほしい。

B　実用書の音読サービスについて
- 利用したい。(65歳)
- 必要ない。(74歳)
- 取り上げる分野によってはカルチャーセンター替わりになるかもしれない。
- 利用しない。(65歳・73歳)

C　新聞の音読サービスについて
- いらない。(多数意見)
- 気軽に聞けてよいと思う。

D　自宅への音声配信サービスについて
- 機器が操作できないと思うのでいらない。
- 録音したテープなどを貸し出してくれるのがよい。
- 出かけられなくなったら機械ではなく人に来てほしいと思う。

　やはり文学作品の朗読へのニーズが高い。文化活動への志向が高い人たちに聞いたためもあろうが，〈読み聞かせ〉のニーズは結構あ

るといえるであろう。

　実用書や新聞の音読サービスへの要望は多くないが，それはこの人たちが自力で読むことに困難を感じる状況にないためであろう。すでに行われている視覚障害者のための代読サービスのような活動が，視力を弱めた高齢者に対しても必要であることは十分予想される。

　また，聞くだけでなく自分も参加したいという意見が複数あることにも注目したい。声を出す機会がほしいと思っている高齢者は多いようであった。

4　活動モデル

　以上見てきた実践例やニーズをもとに，これからの図書館における高齢者への〈読み聞かせ・語り〉の活動モデルを考えてみたい。

1　文学作品の読み聞かせ・語り

　従来，児童サービスで培ってきた手法をほぼそのまま踏襲して高齢者向けの読み聞かせや語りを行っても，それなりのニーズは得られると思われる。事前告知が十分に行われていれば，その作品の作家のファンを取り込むことができるだろう。

　日々の生活に支援を必要としている段階の高齢者には，児童サービスと同じような絵本を使った対面朗読サービスも有効である。

　また，老人福祉施設と連携し，図書館がデイサービスのコースのひとつとなって受け入れるという活動も考えられる。これには専用の部屋を用意する必要が出てくるだろう。

2 実用書・雑誌・新聞の音読サービス

　図書館利用者の関心は多岐にわたっているから，文学以外のテキストで多くの聴衆を集めることは難しいようにも思われる。実際，前項の聞き取り調査でもニーズは多くない。

　しかし，たとえば，火曜日の朝には話題の新着本の最初の章の〈読み聞かせ〉会を行うとか，毎月第一土曜日には，前月のベスト貸出数の本の〈読み聞かせ〉を行うというようなことを継続していけば，自由時間の多い高齢者を集められるのではなかろうか。その図書館のファンも増えていくように思われる。

　また，高齢者の，借りた本を音読してほしいという要求や，持ち込みの代読サービスの依頼があった場合には，それに応えられるシステムを準備すべきであろう。現在は主に視覚障害や知的障害のある人に対して行われている代読サービスであるが，これを高齢者にも適用させていく努力は必要であろう。ただ機械的に読むのではなく，会話を挟み，わからない言葉をともに調べ，良質のコミュニケーションのある代読サービスが実現できればすばらしい。人手が不足する場合は，ボランティアと連携し，場所と時間を定めて活動を続けていけば，やがて定着した活動になると思われる。

　著作権法の改正によって，読み書きに障害のある人たちのために，図書館が，わかりやすく書きなおして複写することなども可能になった。より平易に書き直したものを音読するというようなサービスも視野に入れてゆくべきであろう。

3 参加型の〈読み聞かせ・語り〉

　詩歌の朗読に自分も参加できるような機会があれば楽しいという

第10章　高齢者への〈読み聞かせ・語り〉

意見があった。また，漢詩・漢文の素読をしてみたいという声もあった。いずれもおもしろい活動になりそうである。こうした活動を,「高齢者のためのアニマシオン」という発想でとらえ直してみるとよいのではなかろうか。読書を生き生きと活動化させられれば，図書館は，高齢者にとってかけがえのない施設になることだろう。

　また文学以外でも，その地域の何かの趣味の会のリーダーにブックトークを依頼し，読んでおくべき数冊を紹介してもらって，その中の一冊のさわりの部分を読み聞かせるという活動なども，新たにその趣味を始めようとする高齢者を集められる。これは地域文化の向上にも寄与できる活動となるだろう。「サツキの栽培」「ヘラブナ釣り」「囲碁」「サッカー」など人気のある分野をテーマとし，その地域で活動している趣味の会を通して広報するような工夫をすれば，多くの人が集まる可能性がある。

4　出張サービス

　老人福祉施設への図書の団体貸出はもちろん必要だが，その施設の状況によっては，読み聞かせのスタッフが足りないということもあるだろう。図書館サイドでボランティアの調整を引き受けるということもあり得よう。また，図書館が〈読み聞かせ〉の講座を開くことなども意味のあることである。

5　高齢者への〈読み聞かせ・語り〉のために

1　〈読み聞かせ・語り〉の系譜

　読み聞かせや朗読には，いくつかの手法の系譜がある。プロはもちろん，アマチュアもそのいずれかの影響下にある場合が多い。高

齢者への読み聞かせには，多少の修練も必要であろうから，そのトレーニングの方向性を考えるために，〈読み聞かせ〉や〈語り〉が，おおよそどのように分類されるかを見ておこう。

(1) アナウンスをルーツとする朗読

聞きやすい声。

胸郭に共鳴させ過ぎない発声。

感情表現は押さえ，文章の力を信じて淡々と読む。

朗読者の存在を聞き手にあまり意識させない。

会話部分だけは，感情を込めて演劇的に読む場合が多い。

(2) 演劇をルーツとする朗読

鍛えられた声。

身体や胸郭を共鳴させる発声。

内容に添って抑揚をつけ，感情表現を加える。

作品の語り手や登場人物になりきって読む。

(3) 語り

語り手の独自の声で，芸としての語りを聞かせる。

朗読者の存在感が重要。

(1)のアナウンサー系は，時代による変化が大きい。ここ20年でNHKのアナウンサーの読み方に大きな変化がみられる。近年は，かなり感情表現が豊かになっているようである。

(2)の演劇系は，伝統演劇系，新劇系，声優系などがあり，演じる意識の読みと，語る意識の読みとが観察される。

伝統演劇系は，鍛えられた声を土台に，歌舞伎や狂言独特の節回しを現代に生かす読み方を工夫しており，現在では，歌舞伎の市川猿之助，狂言師の野村萬斎などの活躍が目立っている。

第10章　高齢者への〈読み聞かせ・語り〉

　新劇系は，滝沢修，江守徹，石坂浩二らが活躍した。滝沢や江守のように，舞台での発声を強調したアクの強い読み方がある一方で，石坂のようなスタジオ的ともいえるより自然な読み方もある。
　声優系は，声色を演じ分けるところに特徴がある。七色の声といわれた中村メイ子が現在の声優系の読みの源流にいる。
　(3)の語りは，それ自体が芸のジャンルになっていると考えられる。徳川無声，森繁久彌などがラジオで活躍し，テレビでは市原悦子と常田富士男による「日本昔ばなし」の〈語り〉が一時代を築いた。
　この3つを，ジャンルでなく段階とみる考え方もある。〈読み聞かせ〉は，アナウンサー系の「音読」に始まり，演劇的な「朗読」を経て，〈語り〉に至るという考え方である。
　すべての音読が語りを目指す訳ではないが，たしかに朗読の質が高まってくると，語りの芸と呼ぶにふさわしいものになっていく。この場合の〈語り〉とは，暗記して読むという意味ではなく，文字を追って読んでいても，〈語り〉と呼ぶにふさわしいレベルの読みになっているという意味である。
　これらを参考に，自分の読みの現在地と方向性を定め，練習していくとよい。読み方には様々あるから，自分にあった読み方を選択していくということである。

2　肉声の力

　図書館における読み聞かせの価値を認識するために，生（なま）の声の価値を理解しておきたい。
　肉声による読み聞かせには，録音されたメディア経由の朗読には

ないよさがある。それは，聴衆と呼吸を合わせたり，反応に合わせて間を取ったりできるというよさである。会場の広さ，聴衆の数，聴衆のその反応によって読み方を変えていける。それが生の読み聞かせの長所である。ただし，それができるためには，多少の修練と経験とが要る。

　まずは落ち着いて，自分の心を平静に保ち，部屋の壁に反響して返ってくる音を感じ取ったり，聴衆の反応を感じ取る余裕をもてるようになることである。それは，レファレンスに臨む際に，相手の反応を感じとる能力と同様のプロとしての技術である。

　大きな部屋や，残響の長い部屋では，声を大きくし，速度をゆるめ，間を長く取る。残響によって前の言葉が次の言葉とつながり，聞きにくくなるからである。また，その場の雰囲気を感じ取り，聞きにくそうであればスピードをゆるめ，抑揚を強くし，一語一語を少し切るなどの変化を付けることも大切である。これらは録音では決してできない工夫である。

　雑音を除き，倍音を削りとった録音の声は，聞きやすいかもしれないが，生命力には欠ける。人間の耳は２万ヘルツほどまでしか感受できないといわれており，まして高齢者の聴力の高音域の特性は極めて低い。けれど一方で，人間は超音波といわれる波長域の振動を何らかの器官で受容しているという研究報告もある。高い周波数の音域に，鼓膜は共振できないが，皮膚や毛や粘膜などが共振している可能性がある。古い蓄音機から再生される音楽は雑音にまみれており，波形も歪んでいるが，そこにある種の爽快感もある。そこでは，俗に「針の音」と呼ばれる雑音さえも，プラスに作用している。

第10章　高齢者への〈読み聞かせ・語り〉

つまり，読み手は，かすれ声や咳払いを失敗と思う必要はない。そうした「雑音」こそが1回限りの朗読というパフォーマンスの価値を作り出す。読み違えて読み直す行為さえも，もしそれが安定した精神によって堂々と行われるなら，その日の読みの思い出としてプラスの価値をもつであろう。

6　おわりに

　一人では移動が困難な独居老人の，自宅に来て代読してほしい，という要望に応えることは，現在の多くの図書館には難しい課題であるだろう。だが，それが高齢化社会の課題であるならば，弱者の生活を保障する活動のひとつとして，行政全体でそれが可能になるシステムを構築していかなければならない。

　公共図書館は，地域づくりのために他機関と連携し，効果的なシステムを構築していかなければならない。縦割り行政と呼ばれてしまうような活動は時代遅れである。たとえば指定管理者制度によって従来より柔軟な活動が可能になればよいのだが，逆に契約に規制され，館内の活動に閉じこもり，「地域づくり」という使命を忘れれば，図書館は時代に逆行してしまう。地域の課題こそが図書館のテーマである。就職支援に力を入れている図書館が増えているが，それと同じ発想で，高齢化社会となった地域を見直してみる必要がある。そのとき，図書館の新しい役割が見えてくるであろう。

終 章

すべての高齢者のための図書館へ

1 図書館の高齢者サービス

　建築物や都市空間は，造るにあたり，それ相応の費用と期間を必要とする。税収の豊かだった，いわゆる「バブル」の時代ならばともかく，「財政赤字」の時代に高額な公共の建築物や都市空間を造るのは容易なことではない。

　高齢者が住民の多くの割合を占めるようになれば，その利用や使用に配慮した，すなわち高齢社会に対応した公共の建築物や都市空間が造られなければなるまいが，新たなものを造ることが財政的に困難であるということになれば，すでにあるものを，将来の使用も視野に入れながら，手を加えたり，造りかえるという，財政負担の少ない選択も考えられる。

　高齢社会に対応した「まちづくり」という視点からみれば，それに適用可能な，すなわち高齢者向けに手を加えたり，造りかえることが可能な施設として，公共図書館があげられるかと思われる。

　現在，老眼鏡，拡大鏡，大活字本といったものが常備されている

終章　すべての高齢者のための図書館へ

公共図書館は少なくない。しかし，これらは，結果として高齢者サービスになることはあるが，本来障害者サービスである。そうした道具を必要とする利用者が65歳以上の方が多い，といったことはあっても，65歳以上であるからといって，特別なサービスがなされるわけではない。たとえば「図書館サービス論」と題された図書の中には，「高齢者サービス」という「章」や「節」を設けず，簡略な記述でおわっているものもある。図書館情報学という学問領域において「高齢者サービス」という分野のしめる割合は，必ずしも大きくはない。また公共図書館の現場においても，全国的にみれば，充実した高齢者サービスを提供しているとはいいがたい。従来の枠組の中で高齢者に対応することの困難さがうかがわれる。

2　今できること

　では今後，どのような見通しをたてることができるのであろうか。それを考えるにあたってまず認識しておくべきことは，抽象的な言い方であるが，ひと言でいえば，サービス対象の高齢者が「元気」か否かである。

　図書館を利用する「元気な高齢者」のニーズが顕在化し，それを把握することができれば，現在の枠組で，対応が可能なものは多いと考えられる。

　たとえば，東京都調布市の老人クラブ連合会副会長をつとめた南塚盛久は，今の日本は，不況であり，「助け合い」の機能を失っており，家族の扶養の観念は希薄になっており，自己責任が求められるようになっている。そうした状況の中で，高齢者は，

　1　世間の厚意に甘えないで社会的自立を図る

2 健康と生きがいづくりで豊かな生活を築く

3 広く仲間をつくって支援しあって生きる

4 社会の一員として社会貢献に努める

5 自分を大切にして自己表現をこころざす

ことが必要と訴えた[1]。

　もし「元気な高齢者」が上記のことを望んでいるのであれば，公共図書館ができることは少なからずある。

　社会的自立をはかるために必要な知識を収めた図書や新聞，健康に関する図書を，公共図書館は提供することができる。読書サークルや市民講座を設け，広く仲間をつくる場を提供することもできる。子どもへの読み聞かせといった社会貢献の場を設けることもできる。歌会や句会など自己表現の場を設けることもできる。

　ある公共図書館では，古文書の読み方講座を設けた。修了者に，未解読の古文書を読解してもらい，その成果を製本し，一般にも読むことができるようにした。また古文書を修復できる講座も設け，修了者が，虫損の文書・図書を修復していた。仲間とともに生きがいをもってなされた社会貢献といえるのではないか。

3　今後の可能性

　しかし「高齢者向け」というのであれば，〈公共図書館を利用する〉という限定をせず，読書はするがあまり〈公共図書館を利用しない〉「元気な高齢者」と，〈利用できない〉「元気ではない高齢者」のことも視野にいれなければなるまい。このために新たな枠組作りの必要がある。

　こうした高齢者に，公共図書館が利用をうながす必要があるの

終章　すべての高齢者のための図書館へ

か，ということがまず問題になろう。もし，その「必要」があるとすれば，公共図書館を利用することによって，「元気」を維持，回復，もしくは老化の進行をなだらかにする可能性があるからである。

　たとえば石浦章一『いつまでも「老いない脳」をつくる10の生活習慣』には，脳も体も健康で長生きできる老人の10の生活習慣のひとつに「本を読む習慣を維持する」があげられている[2]。

　また運動習慣のある人，毎日たくさん歩く人は，身体的健康を保ちやすく，認知症予防につながる，とされる。2012年5月に100歳で亡くなった映画監督・脚本家の新藤兼人も，その著『老人読書日記』で，

　　八時，散歩に出る。ゆうゆうたる気分の散歩ではない。医者の先生に，老人の健康には散歩がいい，と言われているから，忠実に守っているだけで，近くの公園へ行って帰ってくる[3]。

と記している。公共図書館を利用する誰もが，歩いて行くとは限らないが，公共図書館を目的地のひとつとして，可能ならば〈ゆうゆうたる気分で〉歩いて行くことが習慣化されれば，身体的健康を保ちやすく，認知症予防につながる可能性があろう。また，荊木裕『老いを生きるヒント　超高齢社会の医療と介護』には，

　　外出の頻度の高い老人は一般的に，精神的にも肉体的にも強い老人といえます。「強い」というのは，外出という行為が「廃用性萎縮」を自然に防止しているということです[4]。

など，「引きこもり」に関することが説かれている。引きこもらないために，老人同士の交流の「場」である公的な老人福祉センターなどの利用をあげている。公共図書館の中には，先にあげた読書サー

クルといった交流の場がすでに設けられているところもある。また高齢者だけを集めて特別扱いするよりは，いろいろな世代の人がいるコミュニティで交流をしたほうがよいといわれることがあるが，その意味では老人福祉センターよりも図書館のほうがいろいろな世代がいる可能性が高かろう。

　また障害などといった理由で図書館を訪れることのできない高齢者に本を届けるといった在宅サービスは，事故，犯罪等にまきこまれていないかなどの発見につながる可能性がある。

4　すべての高齢者のために

　少なくとも今の日本で，公共政策などによって人口動態に小さな変化をもたらすことはできても，大きな変化をもたらすことはできまい。つまり人口に占める高齢者の割合は増加していき，介護を必要とする人も当然増加することになるだろう。結果として負担増加となる[5]。2012年5月，WHO（世界保健機関）は，2050年に世界中で現在の3倍の1億1,540万人が認知症になるといった報告書を発表した。厚生労働省老健局「2015年の高齢者介護」によれば，日本では，団塊の世代が75歳以上になる2025年，320万人が認知症になると予想されている。介護を必要とする人が320万人になるかもしれないということである。

　もし介護の不必要な人が増えれば，もしくは介護の時期を遅らせることができれば，負担軽減となる。それに何らかの役割をはたすことができれば，図書館は，今まで特に高齢者向けの施設としては意識されていなかったと思われるが，今後はそうした施設としても認められることになろう。

終章　すべての高齢者のための図書館へ

　読書はするが〈図書館を利用しない〉「元気な高齢者」と〈利用できない〉「元気ではない高齢者」にはどのように対応すればよいのか。〈図書館を利用しない〉「元気な高齢者」に，どのようにアプローチすれば利用してもらえるようになるか，〈今まで利用できなかった〉「元気ではない高齢者」が，どのようにしたら利用できるようになるか，といったことに関しては事例等の豊富な蓄積がなく，より効果的な方法を開発することは今後の課題である。高齢者のための，あらたな社会的方法を開発し，展開させねばなるまい。たとえば「訪問看護」のノウハウといった〈異質の知〉を取り入れ，良質な〈混合〉サービスをすれば，そこが図書館の成長分野になる。そのためには，現状の枠組を壊して仕事のやり方を抜本的に変える必要があろう。

　いずれにしても，高齢者向けに改善し，高齢者向けの施設でもあることを認知してもらい，興味をもってもらい，初回利用から複数回利用へ，そして継続的利用へというステップが必要である。それが具体的構想となり，国民の支持をもちえたとき，図書館は次のステージに進むことになるのではないだろうか。

注）
1) 南塚盛久『シルバー文化学—老いの生き方を求めて』彩流社, 2003 年
2) 石浦章一『いつまでも「老いない脳」をつくる 10 の生活習慣』WAC BUNKO, 2008 年
3) 新藤兼人『老人読書日記』岩波新書, 2000 年
4) 荊木裕『老いを生きるヒント—超高齢社会の医療と介護』平凡社新書, 2001 年
5) ここで「負担」という言葉を用いたが，高齢者の存在を否定しているわけではない。「今日の若者は明日の老人」といわれるように，年齢を重ねれば人は誰もが高齢者になり，身体的には劣化せざるをえない。

第2部　国内外の図書館における高齢者サービス

　　　あなたの若さは,あなたの努力で手に入れた賞ではない。
　　　わたしの老いは,わたしの過ちによる罰ではない。
　韓国でベストセラーになったパク・ボムシンの小説『ウンギョ』の中で,69歳の詩人が30代の弟子に言ったことばである。

【編著者紹介】
溝上智恵子（みぞうえ　ちえこ）
現　　職：筑波大学図書館情報メディア系　教授
専門分野：教育政策
著 作 等：『図書館を支える法制度』（共著，勉誠出版，2002）
　　　　　『21世紀に羽ばたくカナダの教育』（共著，東信堂，2003）
　　　　　『情報化社会の生涯学習』（共著，学文社，2004）
　　　　　『展示の政治学』（共著，水声社，2009）

呑海　沙織（どんかい　さおり）
現　　職：筑波大学図書館情報メディア系　准教授
専門分野：図書館情報学
著 作 等：『図書館・図書館学の発展：21世紀初頭の図書館』
　　　　　　（共著，日本図書館研究会，2010）
　　　　　『図書及び図書館史』（共著，日本図書館協会，2010）
　　　　　『図書・図書館史』（共著，樹村房，2012）

綿拔　豊昭（わたぬき　とよあき）
現　　職：筑波大学図書館情報メディア系　教授
活動分野：図書学
著 作 等：『図書館文化史』（単著，学文社，2006）

高齢社会につなぐ図書館の役割
高齢者の知的欲求と余暇を受け入れる試み

2012年9月28日　第一版第一刷発行

編著者　溝上智恵子・呑海沙織・綿拔豊昭
発行者　田　中　千津子
発行所　株式会社 学　文　社
〒153-0064　東京都目黒区下目黒3-6-1
電話（03）3715-1501(代)　振替 00130-9-98842
http://www.gakubunsha.com

ⒸMIZOUE C., DONKAI S. & WATANUKI T. Printed in Japan 2012
落丁・乱丁本は，本社にてお取り替えします。　　◎検印省略
定価は売上カード・カバーに表示してあります。
印刷／倉敷印刷㈱

ISBN 978-4-7620-2319-4